「数字」が読めると本当に儲かるんですか？

数字オンチのための「儲かる会計」が肌感覚でわかる本

古屋悟司＝著
＋
公認会計士
田中靖浩＝案内人

日本実業出版社

はじめに

～世にも奇妙な花屋の物語～

案内人
田中靖浩（公認会計士）

この本は「小さな会社の経営者が、自らの失敗からの教訓をもとに、リアルな会計について語った物語」です。

著者は、花屋の古屋悟司《さとし》。世に幾多の会計書があれど、現役の花屋がこの類いの本を書くのは初めてでしょう。この本の価値はそこにあります。

公認会計士の私が、本書の著者である古屋氏（通称ゲキ）と初めて出会ったのは、今から5年ほど前のことです。私が講師を務めるセミナーに参加してくれた彼は、スーツ姿のビジネスマンが多いなか、金髪で目立っていたせいもあり、正直なところ「チャラい奴だな」という印象でした。

しかし、彼は見かけによらず勉強熱心でした。人なつっこく、いつも場を盛り上げてもくれます。しかし、その明るい笑顔の裏側で、彼はとんでもない地獄を見ていたのです。

彼が経験したのは、「資金繰り」の地獄です。

どんな商売でも一寸先は闇《やみ》。しかもその闇は、本人がまったく気づかぬうちに、足音もなく忍び寄ってきます。そこから抜け出すのは容易ではありません。もがけばもがくほど泥沼にはまってしまうのです。

彼は花屋を開店した当初、多くの商売人と同じように、1つの過《あやま》ちを犯しました。それは「間違った常識を信じてしまう」こと。

彼が脱サラして始めた激安の花屋「ゲキハナ」は、開店当初、かなり好調な売上を記録します。しかし、なぜかうまくいきません。売っても売っても生活が楽にならない現実。

ここで彼は、きわめて常識的な決断をします。

「もっと売上を増やせばうまくいくに違いない」

しかし、その決断こそが地獄への入り口でした。


彼は一心不乱に売上を追い求めます。やがて彼の売上は1億円を超えました。しかし、それでも「安らかな生活」はやってきません。そうこうするうち、彼はやっと気がつきます。

「もしかして、考え方が間違っているのではないか?」と。

彼はそれまでの「売上重視」をあらためて、管理会計でいう「限界利益」を重視する経営に切り替えました。これでやっとひとすじの光が差し込みます。

読者のなかには「限界利益」という言葉すら知らない方も多いことでしょう。これを知っていると知らないとでは、商売のやり方がまったく変わってきます。

ぜひ、この本で「限界利益」という「使える知識」を手にしてください。会計に詳しくなかった著者だからこそ書けた、生々しい体験にもとづく「限界利益」の話を中心にしたこの本を読めば、きっとそれを商売に活かす方法を見つけられるはずです。

「売上」から「限界利益」重視への転換を成し遂げたストーリー。それを赤裸々《せきらら》に伝えるこの本は、もちろんすべての商売人やビジネスパーソンに読んでいただきたいと思います。

それだけでなく、助言する立場にある税理士・会計士、銀行マンにも必須の内容だといえるでしょう。

売上を追いかける経営の、どこが間違っているのか？
よりよき方向へと舵《かじ》を取るためには、どうすればいいのか？
――本書には、それについての答えがぎゅっと詰まっています。

前置きは、これくらいにしましょう。
売上重視の奇妙な世界に迷い込んだ花屋の物語、どうぞ最後までお楽しみください。

目次

第2章 「数字」が読めると本当に儲かるんですか？

第3章 「儲けパワー」を高めるには、どうしたらいいんですか？

第4章 「値上げ」をしたら、天国と地獄を見ました

第5章 「数字」が読めると本当に儲かりました

ブックデザイン　杉山健太郎
イラスト　風間勇人
DTP　アイ・ハブ

第1章
お金はあとからついてきません

〜そして僕の徒労は続く〜

売上はあるのに、なぜお金が足りなくなるの？

暇つぶしがきっかけで始めたネットショップが大人気に

僕、古屋悟司は、脱サラをして激安を売りにした花屋「ゲキハナ」を始めました。住宅街でひっそりとお店を開いたところ、オープン当初は「珍しい激安の花屋が東京の郊外にもやってきた！」ということで、レジは長蛇の列。

「よしよし！　この調子なら3年もしないうちに大金持ちだ！　成功者だ！」と意気《いき》揚々《ようよう》となりました。

しかし、そんな光景も数か月もすれば、何ごともなかったかのように静まり返り、ただの暇な花屋に。花屋を始めて1年ほど経ったころには、お店には閑古鳥《かんこどり》が鳴き続けるようになってしまいました。

「しっかし、誰も来ないなぁ……」

暇を持て余していた僕は、自分でも気づかないうちに、そんなひとり言をこぼしていました。

やることもないので、ノートパソコンをお店に持ち込み、お客さんの少ない時間帯は暇つぶしにネットサーフィンをするのが習慣になりつつあります。

たまたま、ヤフオク！（ネットのオークションサイト）を見ていたら、僕のお店で1500円で売っても、誰も見向きもしない観葉植物と同じものが、7000円で落札されているではありませんか！

「もしや、これは……」と思い、翌日に同じ観葉植物をヤフオク！に出品すると、数日後、なんと僕の出品したものも同じく7000円で落札されてしまったのです。

「もしや、これは……」という僕の思いは、確信めいたものに変わりました。お店が暇な時間を利用して、仕入れた花をせっせとヤフオク！に出品していきます。

店頭で激安でも売れない花が、ヤフオク！では高値で売れていくんです。ただ、ヤフオク！はあくまで副業的な規模で、本業の実店舗での花の激安販売は鳴かず飛ばずのままでしたが。

ヤフオク！の売上が順調に伸びてくると、「もっと売れる場所はないかなあ？」と探し、たどり着いたのがネット上のショッピングモールの楽天市場《いちば》でした。

楽天市場に出店の申し込みをして、激安の花の販売店としてオープンしました。いきなり月に90万円もの売上になり、なんと店頭販売での売上を超えてしまったのです。

楽天市場はヤフオク！とは価格帯が違いましたが、翌月には２００万円の売上になりました。その後も、毎月１００万円ずつ売上が増えるという、まさに飛ぶ鳥を落とす勢いの成長ぶりです。

「そうか！　これか！」

確信は揺るぎないものになり、僕は寝食を忘れ、昼夜を問わず、ネットでの販売に打ち込んでいきました。

時代はネット通販の成長期でもあり、「ネットは実店舗で買うよりも安い！」とか、「珍しいものが見つかる！」などという口コミが広がっています。そして、単純に価格を他店よりも下げるだけで、圧倒的に売れる「場」でもありました。

さらに、価格競争がさほど激しくない花のジャンルでは、ウチみたいな激安店がネットに進出するのは非常に珍しかったようです。あっという間に口コミで噂が広がり、売上はうなぎのぼりに上がっていきました。

売上は上がっているのにお金が足りなくなる

花を仕入れてネット上に出すと、すぐに売れていきます。

花は生物《なまもの》ですから、古くなったら廃棄します。１週間も保存はできません。ですから、３日以内にはすべてを売り切りたいんです。

でも、全体の10％程度は売れ残るので廃棄します。それでも、売上は十分にあり、順調な伸びを見せていました。

ただ、1つ気がかりなことがありました。仕入れている花市場への支払いが思うようにいかないんです。早い話が、お金が足りなくて期限通りに支払えないのです。花市場の経理の方から「お支払いはまだですか？」と催促をされるのですが、「来月末には支払えますので、少し待ってください」とお願いをしていました。

売上は絶好調なので、翌月には余裕を持って支払えるだけのお金が入ってくることはわかっているのですが……、支払いはどんどん滞《とどこお》っていくんです。

最初、その原因が僕にはまったくわかりませんでした。

しかし、よくよく考えてみると、クレジットカードでお買い物をされたお客さんの売上は、カード会社から1か月遅れで入金されてくる仕組みになっていて、このタイムラグに原因があることに気づいたんです。

僕は、花屋を始めたときは、現金だけの商売をしていました。だから、売上が10万円あれば、レジには10万円の現金がある状態です。もしも、急に5万円の請求があってもサッと支払えるわけです。

でも、ネットでの販売を始めてからカード払いを導入したので、お客さんがクレジットカードで支払いをすると、その入金は翌月になります。

なぜ手もとにお金がないのかというのは、具体的には下の図にある状況になっていたからです。

たとえば、今、手もとには60万円の現金があるとします、前月の売上の２００万円は、現金として僕の会社の口座に振り込まれてくるのは今月末です。

今月の10日、20日、月末の３回、花市場の支払いがあります。それぞれの日に仕入額の70万円を支払わなくてはなりません。

月末には手もとにある60万円と合わせると２６０万円になるはずですが、10日と20

	月初	10日	20日	月末
手持ちの現金	60万円	60万円	60万円	260万円
入金されるお金	0円	0円	0円	200万円
市場からの請求		70万円	70万円	70万円
支払い		（10万円足りないので待ってもらう）	（80万円足りないので待ってもらう）	210万円を一気に支払う

日の支払いはできず、月末に総額の210万円を一気に支払うことになってしまうというわけです。

理屈はわかるけど、しっくりこない

ですから、僕には、売上が伸び続けているのに、手もとに現金が足りない状態がずっと続いてしまうというジレンマが常にありました。

毎月100万円ずつ売上が伸びている状態なのに、花市場の方には申し訳ないのですが、待ってもらうしかないんです。「理屈はわかるけど、しっくりこない不安」みたいなものがずっとあるんです。

僕は日々のお金の計算などはとくに行っておらず、当時は税金を納めるための、年に一度の決算書しか出していませんでした。というよりも忙し過ぎて、それすらもままならない状態で、「売上があるから、たぶん大丈夫だよね。だって、こんなに売れているんだから」と思っていたくらいです。

しかし、心のなかでは無理矢理、自分を納得させているようなところも少なからずありました。

今思うと、まるで外の現実世界を見ずに、目隠しをして車（会社）を運転（経営）しているような状況です。そんな勘が頼りの経営なんて、今ではとてもじゃないけど怖くてできません。でも、それを、さも当たり前のようにしていました。

数字に弱い僕は、「売上が上がっていれば、いつかはきっとお金が足りている状態になる（かも）」と思いながら、日々忙しく業務をこなしていました。

「専任の経理担当者を雇おう」とも思わなかったので、会計業務はもっぱら税理士さんにおまかせです。

そして、年に一度、税理士さんから上がってくる決算書を、よくわからないながらも目を通して、なんとなく「大丈夫だよね」という感じでスルッと流して、日々の業務に戻っていきました。

そんななか、銀行口座にあまりお金が貯まっていかないことが、だんだん気がかりになってきました。貯まっていかないというよりは、むしろ、マイナスになっているような感覚のほうが強いんです。

「売上はどんどん上がっているのに、銀行口座のお金は足りなくなっていく」という状態を僕は飲み込めないままでした。

「ほかのネットショップの人も同じ状態なのかな？」と考えたけれど、まあこんなものだろうと思い、とくにお金に関しての悩みを誰かに相談もしませんでした。

それに、当時は僕が知るかぎり、ネットショップという新しい業態の仕事に関して詳しい人もいなかったので、暗闇のなか、手探りで前に進むしかなかったのです。

僕の周りには「月商が３０００万円超えた！」などと、どれだけ売上が上がったかを、自慢を交えながら会話しているような社長ばかり。

そんなライバルたちに、「ウチも負けるものか！」と食らいついて売上をどんどん上げていくことに僕は熱中していました。ただ、そんなふうに売上をどんどん上げていっても、いつまでたっても銀行の口座にお金が貯まっていきません。

お金が足りなくなったら、銀行に借りればいい!?

見よう見まねの事業計画書で、銀行から融資をゲット！

相変わらず僕は、「いつかお金はなんとかなるだろう」と自分に言い聞かせながら、ガツガツと売上を上げることにのみ集中していました。

けれども、花市場への支払いは、ますます追いつかなくなっていきます。ついには、200万円ほど支払いが遅延するような状態になってしまう始末です。

もちろん、翌月にしっかり入金されて支払うことはできるのですが、いわゆる資金繰りの面で「さすがにこれはまずいな」と思い、銀行で融資をしてもらうことにしました。

数字に弱い僕は、銀行の人に数字のことを聞かれても、しっかりと答えられません。

だから、事情をお話しするだけで精一杯です。

「売上が伸び続けていて、資金が追いつかないんです。それで、支払いが滞ってしまう額がそれなりに増えてきてしまいました」

そう話すと、銀行の人は決算書を見ながら「運転資金が足りない状態なんですね。売上も好調なようですし、一度審査してみましょう」と言い、テキパキと話を進めてくれました。

さらに、銀行の人は「事業計画書を提出してほしいので、来週までに作ってもらえますか?」と言います。

しかし、僕は事業計画書など一度も作ったことがありません。でも、「作ったことがないから、できない」とも言えず、「はい。わかりました」と強がって返事をしてしまいました。


すぐに自分の会社に戻って、わからないながらも事業計画書を作り始めようとしましたが、やっぱり何を書いていいのかわかりません。

とりあえずインターネットで検索をして、それっぽいものを見つけたものの、細かい数字がザーッと並んでいることしかわからない。

「さすがに、自分にはこういう書類を書くのは無理だなあ」と思い、自己流でアレンジしながら、簡単にＡ４の用紙３枚程度に、現状と今後の目標を箇条書きにしました。

そんな、子どもが作ったような事業計画書を銀行へ持って行くと、数日後、あっけなく審査結果は「融資ＯＫ」。

その当時は、インターネット関連のお店全体が相当な勢いで伸びていて、あちこちの銀行でも盛んに融資が行われていたようです。

だから、事業計画書とは呼べないような、雑な作りの書類でも、簡単に審査に通ってしまったんでしょう。そうして、２００万円の現金が、僕の会社の銀行口座に振り込まれ、すぐさまそのお金を花市場へ振り込むと、とても気分がスッキリしました。

「そうか！　これか！」

「なるほど。売上が伸びているときには、こうやってお金を借りながら経営をすればいいんだな」と、なんとなく自分が経営者としてレベルアップしたような錯覚に陥りました。

当たり前のことですが、借りたお金は返さなくてはいけません。ただ、返済する金額は月に数万円なので、「それほど負担にはならないだろうな」と思っていたわけです。この考えが、あとから自分の首を絞めることになるとは……。

「銀行にお金を借りられる＝認められた」という勘違い

当時の僕は、次のようなサイクルをひたすら回し続けていました。

「売上が上がる↓資金繰りが悪化する↓支払いを滞納しがちになる↓銀行から融資を受ける↓残債を支払う」

経営とはこんなふうに回っていくんだと思った僕は、さらに売上をアップさせることに注力していきます。

何より銀行がお金を貸してくれることで、僕は売上を上げるという自分のやるべきことに専念できるのです。こんなに心強いことはありません。

「だから、会社の社長さんたちは、銀行の人と仲よくなって、ゴルフとかに行くのか！」と、世の中の仕組みが少しわかってきたような気になりました。


銀行の融資を受けてからは、とりあえず会社の銀行の口座にはお金が残るようになってきました。でも、肌感覚としてやっぱり儲かっている感じはあまりしないんです。なぜなら、銀行の口座のお金がちょいちょい足りなくなるので、そのつど銀行からお金を借りてくるという状態だからです。

楽にはなったものの、儲かっているわけではなく、ただ「お金が足りている」だけというのが実感です。

それでも、銀行はすぐにお金を貸してくれるんです。銀行が貸してくれる額は「その人や会社の信用度」によるといわれます。

たしかに、僕の会社の売上は毎年１５０％以上伸びていたので、銀行からお金を借りられました。それで、知らず知らずのうちに「この会社は信用に足る実力を持っている」と認めてもらえていると勘違いしていきました。

だから、心のなかにモヤモヤとしたものがありながらも、「会社は悪い状態ではない」という認識です。

別の言葉で表現するならば、だんだんお金を借りることに抵抗がなくなっていったともいえます。「お金が足りなければ借りればいい」。そして、「返済するために売上を上げていけばいい」と。

今考えると、かなり危険な考え方をしていました。このときの「足りないぶんを借りる」状態は、個人でいえば「お金が足りないので消費者金融から借りている」感覚にとても近いものだからです。

「税務会計の知識」と「経営の知識」は別

税理士さんは税金のプロだけど、経営に関しては……

決算書を出してくれる、僕の会社を担当してくれていた税理士さんは、１８０センチを超える身長のすらっとした容姿で、身なりは品がよく、落ち着いた話しぶりで人柄もとてもいい人でした。少し古いボルボに乗っていて、年末になると決算について話してくれるついでに、僕のお店でよく花を買ってくれました。

決算が終わるとすぐにその税理士さんから、「これ、今月中に払っておいてくださいね」と、なんのためかよくわからない書類を渡されます。

いつも僕は「これはなんの支払いですか？」と聞くと、毎回同じ質問なのにもかかわらず、ニコっと笑顔で「消費税です」と答えてくれます。

決算が終わったあとに、その税理士さんに報酬を支払わなくてはいけないのですが、毎年それも遅れがちでした。

でも、２か月遅れて支払ったときも、税理士さんはイヤな顔ひとつせず、「お振り込み、ありがとうございました」と言ってくれます。

お金に関してわからないことがあると、僕はいつもその税理士さんに聞いていました。ただ、僕は決算書が読めなかったので、その中身の数字についての質問ではなく、いつも聞いていたのは「どうやったらもっとお金が残るか」といった内容です。

僕の会社は年商６０００万円を達成しながらも、相変わらず状況は変わりません。「どうやったらもっとお金が残りますかねえ?」と税理士さんに聞くと、決算書をしばらく見つめて、「送料のコストがかなりの金額を占めているので、ここを削ることができればいいですね」と教えてくれました。

「そうか！　これか！」

お金が残るヒントをあっさりゲットです。

「送料」はネットショップで通販をやるうえで、お客さんに商品を発送する際に必ずかかるお金です。もちろん、その送料はお客さんからいただいている場合も多くあります。

決算書の数字で、送料も含む「荷造り運賃」は６００万円だったのですが、そのうちの８割くらいはお客さんからいただいたお金。残りは会社が負担していたお金です。

税理士さんのアドバイスを、僕は単純に「送料の値下げの交渉をする」と受け取りました。そこで、すぐさま宅配便のドライバーさんに値下げの交渉をした結果、即答で「無理です！」と断られてしまいました。

それもそのはず、ウチの会社で契約している送料は、「大きさにかかわらず関東へは４００円」という、破格の価格で契約していただいていたからです。出荷する商品である観葉植物などは、冷蔵庫のような大きな荷物ばかりにもかかわらずです。

今ならわかるのですが、「送料を値切る」というのは的外れな方法です。もしも、送料のコストを下げていく方法を考えるのであれば、「５０００円以上お買い上げの方は送料無料」だったところを「１万円以上お買い上げの方は送料無料」にするなど、お客さんに送料の負担をしていただく割合を増やすという方法もあります。

やっぱりたどり着くのは、「売上を上げるしかない」という答え

送料を下げることができなかったため、税理士さんに「ほかに方法はないですか？」と再度聞いてみました。

税理士さんは、決算書の数字を眺めて「う〜ん……」とうなりながらしばらく考えて出たのは、「売上を上げることですかねえ」という答えです。

「そうか！　これか！」

僕は単純なので「よし！　売上か！　よし！　やってみよう！」と、1年間必死に売上を上げようとがんばりました。

すると翌年には、年商が9000万円まで上がり、前年比の売上150％達成です。

でも、それでも会社には少しばかりのお金しか残りません。資金繰りのきつい状態は続き、相変わらず銀行から追加の融資を受けていました。

これはあとから知った話ですが、税理士の資格を取得するうえで勉強する内容は、儲けるための方法はいっさい入っていないとのこと。いわゆる「税務会計」といわれている内容を勉強して取得する資格だそうです。

そもそも、「税務会計」は、会社が税金を正しく納めるべく、各種の手続きや計算方法を熟知するためのものです。

だから、「会社にお金が残る方法」を税理士さんに聞いても、答えが出てくるはずもなく、そのアドバイスを受け取る僕も未熟でした。経費を節減するか、売上を上げることしか方法がなかったのは、しかたのない話だと今ならわかります。

とても人のいい、あの税理士さんに罪はなく、むしろ「いろいろと振り回してしまったな」と申し訳なくて合わせる顔がありません。

決算書が読めなくても、年商1億円に

▲「1億円」という大台を突破してお金持ちの仲間入り

売上を上げる。ただ、それだけに注力して3年。

僕は、生きている時間のすべてをそれに捧げていたといっても過言ではないくらい、売上を上げることに集中しました。

その結果、ついに年商は大台の1億円に。

自分の会社を作ったときから、「年商1億円」という数字を目標にしていました。

じつは以前、僕が営業マンとして勤めていた小さな訪問販売の会社が、売上が絶好調のときに、チームで達成した年商が1億円だったんです。そのとき僕は20代で、給与は年収８００万円ほど。もらった最高額は月収１００万円を超えていました。

それもあってか、僕の頭のなかでは「年商１億円＝お金持ち」というイメージがありました。１億円という数字に根拠はないけれど、特別な思い入れがあったのです。

だから、年商１億円を達成できたというのは、僕にとってはある意味、成功者の仲間入りを果たした瞬間ともいえます。


さらに、「決算書などの細かい数字は、税理士さんにまかせておけばいい。僕は売上のために全力で走り、税務のような雑用は、ほかの誰かにやってもらおう」と思っていました。「決算書は納税のために作られた表。だから、あまり見る必要がないものだ」とさえ考えていたくらいです。

そうやって「決算書が読めなくても、売上は上がる！」というのを確信したのが年商１億円です。

今となっては、それは間違いだということは理解しています。でも、当時は、経営者の仲間たちと飲んでいるときに、「決算書なんて読めなくても問題なし！」と豪語していました。そして、それを咎《とが》める人は誰もいませんでした。

会社のお金は使い放題。調子に乗ってレクサスまで買う

広告を出すと、売上はどんどん上がっていく

そんな調子ですから、会社のお金に関してもかなり無頓着《むとんちゃく》で、今となっては笑い話ですが、こんなお金の使い方をしていました。

たとえば、会社の懐《ふところ》事情も確認せず、毎月、けっこうな金額の広告を出しまくっていました。それは広告を出してセールをすればするほど、売上がどんどん上がっていくからです。

僕が出店している楽天市場では、頻繁にセールのイベントがあり、それにともなう広告も販売されていました。

最初は、月に1枠10万円程度の広告をメインで購入していましたが、効果があまり

ないため、1枠30万円ぐらいの広告と組み合わせていきました。すると、広告を30万〜40万円ほど購入して、セールのイベントに参加し、値下げをした商品を用意するだけで、月商が20％ほど伸びていったのです。

さらに、1か月の広告費は50万円、１００万円と増えていきます。1年でいちばん忙しい「母の日」がある5月は、広告費を1か月で３００万円くらい使っていました。

広告を出して売上を上げるというのは、しだいに僕の常套《じょうとう》手段になっていきました。

広告にどんどんお金をつぎ込むのは売上アップのためだけでなく、次のような心理面からもあります。

まず、お客さんからの注文が減ると、ものすごく不安になるんです。だから、広告枠を買って値下げセールをして、注文をたくさんいただこうとするわけです。

そうやって、セールをすればするほど販売数が伸びていき、売上が伸びれば伸びるほど忙しくなっていきました。

▲成功者のステイタスを手に入れる

花屋を始める前、僕は先述したように訪問販売の営業マンとして全国トップ10に入る結果を出し、20代にして年収800万円を稼いでいました。車好きであることも手伝って、当時は車を毎年買い替えていましたが、独立してからはお金に余裕がないので、愛車はトラック。

ですが、とうとう独立して「成功者」と思えるような売上を叩き出すようになったのです。「車の1つでも買おうじゃないか」と思うまでに時間はかかりませんでした。

頭のなかは車のことでいっぱいになって、毎日ネットであれやこれやと車の情報をかき集め、選んだのがレクサスです。

レクサスは、月々8万円のローンで手に入るとのこと。パッと出せる現金は銀行の口座に100万円ありましたが、それでは足りないのでローンで買うことにしました。

毎月支払う8万円という額は、当時の僕にとってはわずかな出費程度に感じていました。広告を30万円でポンポン買っているくらいですから、8万円なんて微々《びび》たるもの。「毎月わずか8万円で憧れのレクサスに乗れる！」と、テンションは上がりっぱなしで契約書にハンコを押しました。

ほどなくしてピカピカに輝くレクサスが納車されました。レクサスの本革のシートに恐る恐る座り、エンジンをかけ、ハンドルを握った瞬間の喜びは、何ものにも代え難い満足感と充実感を僕に与えてくれます。

ドアを閉めた車内の静まり返った雰囲気といったら、僕が毎日乗っているトラックとは比べものになりません。

軽くアクセルを踏み込むだけでスムーズに加速し、無駄のない動きからも高貴な品格が漂います。

高級車に乗って、儲かっている会社の社長さんたちは、こんなにも満たされた気分なのかと思いました。

が、タイムマシンがあるならば、当時の自分に「おまえ、車を買うお金なんて1円もないじゃないか！　頭金も出せないのに、そんな高級車を買っている場合じゃないだろ？」と言って、思わず止めに行きたくなります。

忙しくなったら、もっと人を雇えばいい!?

忙しくなったので、無計画に人を増やす

当時の僕は、たくさん人を雇っている会社は単純にかっこいいと思っていました。たくさん人を雇う甲斐性《かいしょう》のある会社は、売上も大きく儲かっているに違いないと。

当時、ＩＴ系のベンチャー企業が借金をしながらも、先行投資として人材を確保し、大きな売上を上げていき、最終的には上場していくような成功のストーリーも、僕をさらに勘違いさせました。

パナソニックの創業者である松下幸之助さんは「事業は人なり」という言葉を残しています。その言葉を知って、僕はこう思いました。

「そうか！　これか！」

「人が辞めれば、もっと雇えばいい。代わりはいくらでもいる。ガンガン売上を上げていくぞ！」

そんなことを考えながら、どんどん人を雇っていきました。

松下幸之助さんの言葉の本当の意味は、人を育て、人を活かしていくことが経営の要ということのようですが、当時の僕は、単純に「人をたくさん集めたほうがいい」と理解していたのです。

それに、僕の場合、マンパワーが足りなくなって、雇わざるを得なかったというのが正直なところで、仕事が増えて人手が足りなくなるたびに、無計画にアルバイトを雇っていきました。

しかも、人件費を出せるか出せないかではなく、仕事が回るか回らないかというのが人を雇う基準です。

▲気づいたら、引き返せないドツボにはまる

アルバイトの給与が月に10万円ちょっと、1人あたり年間120万円以上のお金がかかります。

でも、当時はそんなこともよく考えていませんでした。出荷が遅れたら、お客さんからお叱りを受けるので、そうならないためには人が必要だと考えたんです。

僕の会社で、売上を生み出す仕事をしている人は1人だけ。はい、僕1人だけなんです。注文受付の処理をする人が2人。梱包《こんぽう》作業をする人が5人いました。総勢、僕を含めて8人です。

僕の商売は、閑散期と繁忙期で、売上の差が月商で10倍は軽く開いてしまうというビジネスモデルでした。閑散期は月の売上が300万円程度でも、繁忙期には3000万円を超えます。

閑散期と繁忙期で同じ人数で仕事を回していくことは不可能なため、ある程度、繁忙期に合わせた人数を雇っていました。繁忙期のピークは8人では足りないので、臨

時でアルバイトを募集して、総勢13人くらいで仕事を回していたのです。

本音をいえば、もっと少ない人数で常に仕事を回していきたいと思っていましたが、繁忙期は仕事量があまりにも多過ぎて、常にフルスピードでみんなが動いている状態です。

その一方で、閑散期は困ったことに何もすることがなく「暇だねえ」と言いながらただ時間だけが過ぎていきました。人件費がどんどん垂れ流されていくような状態です。かといって、一度雇ってしまったからには、忙しいときにだけ出勤を増やして、暇なときはお休みしてもらうなんてこともできないので、「この状況がどうにかならないかなあ……」といつも思っていました。


人件費のコントロールが及ばない状態が続いた結果、しだいに僕の「仕事をしている意味」も変わっていきます。

雇ったスタッフの給与を払うために、売上を上げなければと思うようになりました。給与を支払うという義務感だけで、売上を上げる努力をし始めていったのです。

本来であれば、「会社をもっと成長させよう」「もっと給料をよくしていこう」

「もっとお客さんに喜んでもらおう」などという目的のために、もっとがんばって働こうという気持ちになると思います。

でも、人をどんどん雇っていった結果、雇った人の給与を稼ぎ出さなくちゃいけない、というのが目的に変わっていきました。

最初は会社の成長を願って人を増やしていったのが、自分でも気づかないうちに、人件費を支払うために売上を上げていかなくてはいけなくなるとは。

一緒に働いてくれているスタッフのことは仲間だと思っているし、よりよい社内環境を整えようと思っているし、もっと給料を払ってあげたいと思っているし、やりがいも提供したいと思っているんです。

でも、こういう状況になると現実のほうが自分の心を支配してきて、とても失礼な言い方になってしまいますが、雇いたくて雇っているというよりも、雇わざるを得なくて雇っているという状態になっていきました。

こんなジレンマを、売上が上がっていくたびに、そして、新しいスタッフを迎え入れるたびに感じていました。どこかで、この負のスパイラルを断ち切って修正したい。けれども修正できない。ドツボにハマっていくとは、まさにこのことです。

高い授業料を払ってわかったのは「お金はあとからついてこない」

自転車操業から抜け出そうと、間違った道を突き進む

ドツボにハマればハマるほど、この状況をなんとか抜け出そうと必死でもがきました。それに、何もしないとお金が回らなくなって会社は潰れてしまいます。だから、会社を存続させていくために、やることは１つ。さらに売上を上げて、会社を大きくしていく。今雇っている人数に見合った売上を作っていくことに集中しました。

そして、月末にお金が足りなくなる状況だけはやっぱり避けたいので、銀行にお金を借りながら、やりくりしていくしかありません。

売上を上げていくと、単純に会社の銀行口座に振り込まれる金額が増えていきます。楽天市場での販売だと、カード決済をするお客さんが圧倒的に多いので、カード決済した売上は、締め日を挟んで翌月に銀行口座へ振り込まれてきます。

一方、広告費の請求は翌々月となります。だから、セールで伸びた売上でさまざまな支払いをし、翌月もがんばれば、なんとか翌々月の広告費の支払いも追いつくという皮算用でお金を回していました。

これは、僕なりに当時は苦肉の策で考え出した作戦です。しかし、考えてみると、単なる自転車操業ですよね。

でも、そのころは会計の知識はこれっぽっちもなかったので、計画的に翌月の資金繰りを計算していくことなんて、できていませんでした。

ただ、もがいているうちに、この自転車操業の状態からどうやって抜け出していけばいいのか、おぼろげながら頭に浮かんできたのです。

最終的に手もとに残るお金が増えていけば、余裕ができて抜け出せる。でも、そのための計算の方法はわかりません。

税理士さんから「ちゃんと資金繰り表をつけたほうがいいですよ」とご指摘をいただいたこともありましたが、右から左に流れていきました。

あのときの僕は、「何をやったらいいかわからない」、いや「わらかないことがなんなのかさえ、わからない」という状態だったと思います。

ただひたすら売上を上げればなんとかなると信じて、僕はどんどん規模を拡大していくことに夢中になっていき、こう思っていました。

「1億円の売上を上げてダメなら、2億円を売り上げればいいだろう。最終的には、何十億、何百億と売り上げたら、間違いなく億万長者になれるに違いない」

でも、**「間違った問い」に対して、「正しい答え」を導いても、それは「間違った答え」しか出てきません。**

当時の僕は「間違った問いに対する正しい答え」の先が泥沼に続く道だとは知らずに、脇目も振らず、突っ走っていきました。

「成功本」の通りにやったのに、お金があとからついてこない

僕は独立してからずっと一生懸命がんばって仕事をして、本もたくさん読んで、「花で世界を笑顔にしていく」という大きな理念も掲げて、前に進んでいきました。

そして僕は、何十冊と読んだ本に共通する、ある言葉を信じていました。

それは、一流といわれる有名なコンサルタントの先生の本などの、いわゆる「成功本」には必ずといっていいほど書いてあった、「お金はあとからついてきます」という言葉です。

さらに「お客さんが喜ぶことをすれば、お金はあとからついてきます。だから、お客さんに真摯《しんし》に向き合い、真面目に取り組みましょう」とも、成功本にはよく書かれてあります。

お客さんにも真摯に向き合い、真面目に取り組んだ結果、「売上」はついてきました。でも、手もとに残るお金はまったくあとからついてきません。

「なんなんだ！　何十冊もの本で同じことが書いてあったけれど、ウソじゃないか！

お客さんを喜ばす〝だけ〟で、お客さんに真摯に向き合う〝だけ〟で、お金はあとからついてくるって書いてあったじゃないか！」と心のなかで叫びました。

でも、今思うとそもそもの進む方向が間違っていたのです。結果、お金が残らなかったのが何よりの証拠です。

なぜお金があとからついてこなかったかという理由を、今なら即答することができます。**「会社の数字のことをしっかりと理解」したうえで、お客さんを喜ばせて、真摯に向き合えば、お金はあとからついてくるのだと。**

しかし当時は、「会計って、過去に起こったことを数字にまとめたものでしょ？」くらいにしか思っていなかったのです。この考え方が間違っていると理解できたのは、それはまた何年かあとの話。

当時は、真冬の早朝に花を出荷するための梱包作業をしながら、「なんで、お金が残らないんだろう……」と、かじかんだ手を見つめて、ため息まじりにひとり言をつぶやいていました。そんな冬の寒さは、僕にはいっそうこたえました。

第１章を読み終えた読者へ

好事魔多《こうじま》し——どうやらそれは商売にもあてはまるようです。勢いよく売上を上げ続け、年商１億円を突破。一見すると順風満帆《じゅんぷうまんぱん》な滑り出しに見えますが、彼はこのときすでに「売上という魔物」に飲み込まれています。

彼は「売上－コスト＝利益」で儲けが出ると考えました。この式、結果論としては正しいのですが、少々単純化し過ぎたきらいがあります。

この式を表面的に見ると、「売上がコストを上回ればうまくいく」ように思えてしまいます。実際、彼は「売上を増やす」べく一心不乱に努力しました。しかし、どれだけ売上が増えても資金繰りの苦労はなくなりません。そこで彼はさらに売上を追い求めます。「もっと売上を、もっともっと売上を」と。

そこに登場した税理士さんが悪気なく「売上アップ」をあおります。さらには善意の銀行が資金難の彼に金を貸します。税理士さんも銀行もまったく悪気はありません。

よかれと思って手を貸しているのです。そこに不幸がありました。

小さな会社の場合、見かけだけでは儲かっているかどうか判断できません。「見かけ」というのが売上です。売上が増えている会社の社長は羽振りよく金を使うので、ハタから見ると儲かっているように見えます。

彼は調子に乗ってレクサスを買いますが、資金繰りを考えると、とても高級車を買えるような状態ではありません。レクサスを買って商売が火の車になるとは、シャレにもならない状況です。


ただ、「たったひとつの救い」があるとすれば、このとき彼は違和感を感じていたことです。「でも、肌感覚としてやっぱり儲かっている感じはあまりしないんです」。

残念なことに、これを感じられない経営者もいるんです。しかし、彼は気づいていました。「何かおかしいぞ」と。しかし彼はいまだトンネルの出口を見つけることができません。売上の呪縛《じゅばく》を解くカギはどこにあるのでしょう。

それは「人」なのか、「情報システム」なのか、それとも……?

では、続きをどうぞ。

第２章
「数字」が読めると本当に儲かるんですか？

～怪しさが止まらない～

なけなしのお金を払った最後の一手

スゴ腕の税理士に最後の望みを託すことに

その後、季節は冬から春へ、そして夏へと移り変わり……。僕の会社は、お金が残らないだけでなく、しだいにいつ潰れてもおかしくない虫の息の状態になっていきました。

そのため、経費を少しでも減らそうと、小さい事務所へ移転することにしました。家賃は6万円と格安ですが、防音や断熱などとは無縁の築40年の物件です。

関係各所への支払いは相変わらず滞ったままでしたが、5月に「母の日」という花屋にとっては1年で最大のイベントがあったので、まとまったお金が銀行の口座へと入金され、資金繰りも首の皮一枚でつながっています。

そんなある日、ネットショップを経営している仲間と話をしていたときに、税理士の話題になりました。僕は話に合わせるべくなんとなく、「いい税理士さん、いないですかねえ？」と口にしました。

すると、知り合いの女性の経営者Nさんが「ネット通販などの会計に精通している、スゴ腕の税理士さんがいるよ。私もその人にお願いしているの」と、身を乗り出しながら目をキラキラさせて僕に言うのです。

正直、税理士をお願いする金銭的な余裕はなかったのですが、万策尽きた僕にとっては「スゴ腕」という言葉は、なんともいえない魅力的な響きでした。

しだいに、なけなしのお金を払って攻める最後の一手という気持ちになり、またNさんには大変お世話になっていたので、それならばということで税理士を紹介してもらうことにしました。

その「大丈夫」は、本当に大丈夫なんですか？

事務所のエアコンをＭＡＸにしても、室温が30度よりも下がってくれないくらいの真夏の暑い日。今日は14時過ぎに、紹介してもらった税理士さんが事務所に顔合わせに来る日です。

「どんな人が来るんだろう？」と、ドキドキしながら待っていたら、14時ちょうどくらいに「ピンポーン」とベルが鳴りました。

ドアを開けると、「はじめまして。Ｎさんからご紹介いただいた税理士ですが。いやあ～、暑いですねぇ～」と言いながら、ぷっくりとふくれたお腹の男の人が立っています。

税理士さんの口もとは笑っているのですが、メガネ越しに見える目は笑っておらず、ちょっと怪しい感じの雰囲気。若干だらしなくも感じる安っぽい服装なんですが、いかにも高そうなカバンを持っています。

この人、いったい何者なんだ？　というか、大丈夫なんだろうか？　「スゴ腕」ということで切れ者風の、もっとこうシュッとしたイメージの人を想像していたのですが、なんとなく頼りなさそうです。

一抹《いちまつ》の不安を抱えながらも、「こちらへどうぞ」と、その税理士さんにソファに腰かけてもらいました。

僕は「すみません。古い事務所なんで、クーラーがあまり効かなくて……」と言うと、税理士さんからは「いやぁ、すみません。デブなもんで。汗が止まらないんですよ」と冗談か本気かよくわからない答えが。

思わず僕もうなずきそうになってしまいましたが、さすがに「そうですよね」とも言えず、笑ってごまかしました。

そして、どんどん不安になっていく気持ちを抑えながら「信頼できる人からの紹介なんだから、きっと大丈夫」と、自分に言い聞かせました。

挨拶もサッと済ませ、税理士さんは「では、決算書を見せていただけますか？」と早速言いました。

僕は用意していた3期ぶんの決算書を手渡すと、税理士さんは手際よくパラパラと決算書をめくります。

僕は、こういうとき、何をしながら待っていればいいのかわからないので、ただただ相手の顔色をうかがうばかりです。

税理士さんは、とくに深刻そうでも、落胆するわけでもなく、かといって安心しているという顔でもなく、時折電卓を叩いては、数字をチェックしています。

10分ほど決算書を眺めていたでしょうか。ポンと決算書を置き、税理士さんは僕のほうを向いてこう言いました。

「なんとかなるんで大丈夫ですよ」

僕はそのひと言で、かえって不安になりました。

今までいろんな人のアドバイスを聞いてもうまくいかなかったので、人の話を素直に受け止められなくなってもいたからです。

だから、何も知らないくせに軽々しく「大丈夫」と答える、この税理士さんが怪しくてなりませんでした。

「経費」と「費用」って違うんですか？

税理士さんは僕の目の前をうろうろと歩きながら、しばらく天井を眺めています。僕にはまるで、刑事ドラマで現場検証するときに犯人を推理する刑事の動きみたいに見えました。

費用には大きく分けて、「固定費」と「変動費」がある

その後、税理士さんは決算書と僕の顔を何度か見ながら、何かを悟ったのか、いきなりこんな質問をしました。

「ところで、経費と費用の違いってわかります？」

「経費と費用って同じではないんですか？」

「少し意味が違います。たとえば経費に計上できるとか、できないとか言いますよね？」

「経費で落とせるとか？」

「そうです。**会社が負担しても問題ないものを『費用』と言います。そのなかに『経費』という項目がある**と思ってください。これは法人税を支払う際に大きく関わってきます。経費に計上できないものも含めたお金が『費用』です。早い話が、**『費用』は『経費』とそれ以外に分かれます**」

「ふーん。そういうもんなんですか？」

「たとえば、会社の車を事務所の前に停めておいたら、駐車違反で切符を切られて反則金を払ったことはないですか？」

僕は昔、配送の途中で、ちょっとだけだからと思って路上駐車したら、お客さんの話が思っていたよりも長くて駐車違反になったことを思い出しました。

「それに近いことは過去にありますが……」

「それ、会社負担にできるんですが、経費に計上はできないんですよ。なので、**『費用』というのは、会社を運営していくうえでかかったお金のすべてだと思ってください**」

「なんとな～くわかりますが、これって儲かることと何か関係があるんですか？」

「まあまあ、そうあせらずに。ここはなんとなくでも大丈夫です。経費は費用の一部だということがわかれば問題ありません。あくまで法人税を支払ううえでのルールの一部ですから。で、問題は経費よりも、費用です。これをよく知っておいてほしいんです」

「どうしてですか？」

「費用には大きく分けて2種類あります。ご存知ですか？」

「2種類……。いや、わからないです」

「**費用というのは、大きく分けると、『固定費』と『変動費』の2つです。**これは、決算書には載っていますが、明記されて分けられているわけで

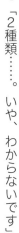

はないので、ぜひ覚えてください」

「はあ……」

「覚えてください」と言われても、まずなんで覚えるのかという、その意味がわからないんですが。

固定費は、すねかじりな「ニートな費用」

税理士さんは、あまり話に納得していない僕にかまわず続けます。

「**固定費の定義は、『売れても売れなくてもかかる費用』**です。どんなものがありますか？」

「売れても売れなくてもかかる費用ですか？　家賃ですかね」

「それもそうですね。ほかには思いつきませんか？」

「うーん。あ、水道代とか電気代ですか。売れなくても電気は使いますし」

「そうですね。ほかにはどうでしょう？」

「えっ!?　まだありますか？」

「はい。たくさんありますよ」

「すみません。思いつきません……」

「では、答えを言いますね。それ以外に人件費も固定費です。売れなくても人件費はかかります。また、福利厚生費や接待交際費、会議費、交通費、広告費もそうです。まだたくさんありますが、売れなくてもかかっている費用はすべて固定費です。費用の大半が固定費なんです」

「広告費も固定費なんですか？　広告を出せば売れ行きも変わりますが」

「でも、広告を出してもまったく売れないケースもありますよね？　だから、固定費として考えます」

「なんか納得できないんですが……」

「考え方としては、**固定費は、すねかじりなニートな費用**というイメージです。なんにもしないけど、食費はかかるし、部屋でゲームやっているから、電気代もかかりますよね？　固定費は『ニートな費用』だと思ってください」

「『ニートな費用』ですか。なんとなくイメージできます」

僕は頭のなかで、まさに部屋でずっとゲームばかりやっている人の姿を思い浮かべました。

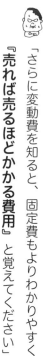

「さらに変動費を知ると、固定費もよりわかりやすくなってきます。**変動費は『売れば売るほどかかる費用』**と覚えてください」

「うーん。変動費は『売れば売るほどかかる費用』ですか……」

「そうです。商品が1つ売れると必ずかかる費用って何がありますか？」

「えーっと。ウチは通販をやっているので、1個売れたらそのぶんの仕入れる原価、梱包資材の費用と、出荷するための送料ですかね。あと、梱包するための人件費がかかりますが」

「梱包するための人件費は、売れなくてもその場に梱包する人がいれば時給が発生するので、固定費になるんですよ」

「それで人件費は固定費になるのかあ。では、売れたぶんだけ歩合制で梱包し

てもらってる場合はどうなるんですか？」

「その場合は変動費として分けるのが適切です。さきほど納得できなかった広告費。これも考え方は同じで、**売れたぶんだけかかる性質であれば変動費。**10万円かけてチラシを作って、いくら売れるのかわからないような固定費なんです」

「まあ、なんとなくですが、イメージはつかめます……」

固定費と変動費という言葉は、なんとな～く聞いたことがありました。文字通り、固定しているから固定費で、変動するから変動費だと思っていましたが、その性質を聞いてみると、じつは違う解釈があるみたいです。

「儲けるための会計」を学ぶ

売れても売れなくてもかかる費用である固定費。売れれば売れるほどかかる費用である変動費。でも、それらを分けることに、いったいなんのメリットがあるのかは、よくわかりません。

変動費は、売れれば売れるほどかかる「ストーカー費用」

税理士さんは、きっと話すのが好きな人なんでしょう。僕の理解度に関係なく、一方的に話を進めていきます。

「わかってきたところで、もっと理解していただけるよう、通販だけでなく、ほかの業種でも考えてみましょうか。たとえば、イタリアンレストランがあるとしますよね。そこの家賃は？」

「固定費ですか？」

「そう、では、人件費は？」

「売れても売れなくてもかかりますので固定費です」

「では、売れれば売れるほどかかる費用である変動費は、たとえば食材に使う材料費がそれにあたります。料理を注文されるたびに食材を使用しますので、材料費が変動費になります」

「ふーん……」

「さらに別の業種でも。う～ん、コンビニだとどうでしょう。コンビニでおでんを買ったときを思い出してください。おでんを買うと器に入れてくれますよね。さらにその器を袋に入れて、割り箸もつけてくれます。あとは辛子《からし》。これらは、固定費か変動費のどちらでしょうか？」

そう、おでんには辛子は必須だよなぁ。

「あのう、私の質問、聞いてますか？」

「あっ、えーと……。変動費ですか？」

「そう。これらも変動費です。もちろん、おでんの具材の原価も変動費に入ります。おでんを温め続けている電気代は固定費です。売れなくても電気代はかかっていますからね。こんな感じで、**会社ごとに区分けが異なってくるのが変動費です**」

「固定費の『ニートな費用』みたいに、変動費も何かわかりやすいたとえはないんですか？」

「イメージでいえば、**変動費は『ストーカー費用』**です」

「あっ、つきまとうってことですか？」

「そうです。売れば売るほどつきまとってくる。ストーカーのような費用が変動費です」

「ふーん。そうやって費用の性質で分類しているんですね」

「そうです。たとえばコンサルタントや税理士は、お客さんが増えれば増えるほど外出することが多いです。クライアントのもとへ出かけることになるので、旅費交通費が変動費になったりするんですよ」

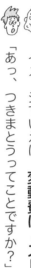

「仕事によってかなり変わるんですね」

「はい、それが変動費の性質なんです」

僕は費用の名前はおぼろげに知っているくらいなので、どんな内容かも初めて知りました。

儲けるための会計が「管理会計」

ただ、費用の分け方と、儲かる話になんのつながりがあるのかは、疑問のままです。

「こうやって分けるのって、どんな意味があるんですか？」

「こういう分け方や計算をするのは、儲けるためです。そして、それは『**管理会計**』と呼ばれています」

「それがわかると儲かるんですか？」

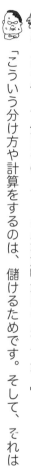

と聞いてみたものの、全然儲かる感じがしないんですが……。

「まあ、そうあせらずに」

「僕の会社は虫の息なんで、あせってるんです！　ところで、『管理会計』ってなんですか？」

「儲けるための会計です。一般的な会計、いわゆる決算書を作る業務とか、税金を支払うための会計を『税務会計』といいます。今回は、管理会計という会計の話をしていきます」

「儲けるための会計が管理会計ですか？　じゃあ、それを学んで数字が読めると本当に儲かるんですか？　裏を返すと、数字が読めないと儲からないってことですか？」

「はい。知っておくと知らないとではずいぶん違います。数字が読めると、儲かります。まずは、自分の会社の固定費と変動費をしっかりと分けていくことが大切です。そこがきちんとわかってくると、儲けるための計算がとてもわかりやすくなるからです」

本当に数字が読めないと儲からないのかなあ？　それに、数字って苦手なんだよなあ……。

いずれにせよ、「費用の性質を知る」ことと「僕の会社が儲かる状態になる」のと、どんな関連性があるのかという疑問は残ったままです。

「儲けるための会計」とはいったいなんなのか？　聞き慣れない話を聞いたので、正直エネルギーを消耗しましたが、儲けるためのヒントくらいは何かつかめるかもしれないと思い、話の続きを聞きました。

会社が続くために大切なのは「利益」

会社には出ていくお金と入ってくるお金があるのはわかるのですが、そもそも赤字の僕の会社は、出ていくお金が多いから赤字。そこまではわかります。

会社のお金を増やすためには、売上を増やすことだと信じて突っ走ってきましたが、その結果、赤字になってしまっていました。

原因はわからないままでしたが、税理士さんの話を聞けば、果たしてそれもわかるのでしょうか？

「利益」が大事なことくらいはわかるけど

税理士さんは僕の顔をじっと見つめてから、こう言いました。

「儲かる話を聞きたいというので、より核心に近づいていこうと思います。では、会社が続くために大切なものって、なんだかわかりますか？」

「そりゃもちろん、根性です！」

「根性って大事ですよね。とても大事なのですが、**お金の面で会社が生き残るために必要なのは、まず利益です。**根性とやる気がなくても、利益があったら会社は存続できます。では、利益ってなんのことだと思いますか？」

「そりゃ、儲けたお金ですよね」

「そうですね。儲けでもあります。その利益にはいろんな種類があるんです」

「えっ？　利益に種類ってあるんですか？　それって、よいお金と悪いお金とか、そういうことですか？」

「あの、そういう精神論じゃなくて、会計上のお金の話です」

「あ、そっちですか」

自分で「そっち」って言ってしまったけれど、どっちだ？

「そうそう。そっちです。基本的な利益が5つ、そして、限界利益を含めて6つあります。そのなかの1つで、粗利《あらり》ってわかりますか？」

「なんとな～く」

「粗利というのは、正式名称を『売上総利益』といいます。簡単にいうと、売上額から仕入額を引いたものです。600円で仕入れた物を1000円で売ると、粗利（売上総利益）はいくらになりますか？」

「それくらいはわかります。400円です」

「そうです。正解です！　では、純利益って聞いたことはありますか？」

「聞いたことがあるような、ないような……」

本当は言葉自体は聞いたことはあるけど、イマイチよくわからないので、ごまかしました。

「純利益は売上から費用を引いて、最後に残ったものです。もう少し補足する

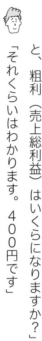

と、さきほどの粗利（売上総利益）からすべての費用を引いて、支払わなければならない法人税も差し引いたものが純利益です。正式名称を『当期純利益』といいます。ついてきていますか？」

「えっ、はい。いや、ちょっとややこしいです……」

というか、これって儲けるために必要な話なのかな？

「**純利益は会社の活動の最終的な成果なんです。**損益計算書を見ると、営業外の収益と費用、特別利益や特別損失、そして税金を記載する欄があります。

これらを足し引きして、最後に残ったものが純利益です」

「はあ。なんだか難しい……」

「では、図を書いて説明しますね」

と言って、税理士さんはスラスラと図を書き始めました。

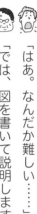

「下の図のように、1年ぶんの売上がこの丸だとすると、そのなかに『仕入原価』や『販売費及び一般管理費』といわれる費用の一部、税金そのほかもろもろがあって、残ったものが『純利益』（当期純利益）です」

「うーん。ちょっとこんがらがってきました。でも、図を見るとイメージはわかります。最後に残った儲けが純利益っていうことですか？」

「その通りです。そして、この引かれてしまうお金を減らして、売上を増やすと利益がより多く残る、ということだけ覚えておいてください」

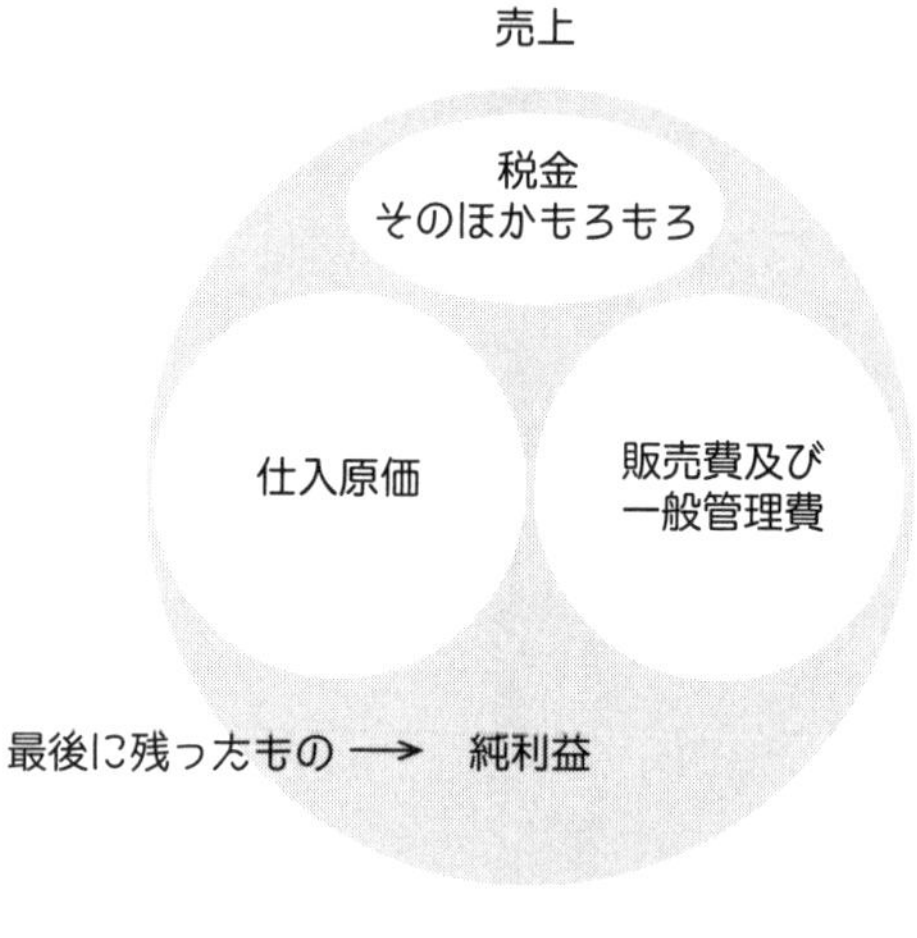

「売上を増やすと利益が残るという、その理屈くらいはわかります！」

やっぱり、僕がこれまでやってきたように売上を増やすと儲かるってことなのでしょうか。

覚えておくべき４つの利益

僕の「理屈くらい」という言葉を聞いて税理士さんが、一瞬だけ険《けわ》しい顔つきになったのを見逃しませんでした。

「ただ、さきほど利益は６つあると言いましたが、あとの４つは言葉も覚えてください。**営業利益と経常利益、税引き前当期純利益、そして、限界利益です**」

「いやもう、専門用語はいいです！　正直、儲かる会計って言うんで、儲かる話が聞けると思ったんですけど、どうやら違うんですね」

「まあ、そうあせらずに。でも、とくに限界利益はむちゃくちゃ大事なんで、もう少し聞いてほしいんです」

出た！　また「あせらずに」という言葉。

「もうちょっと今日は疲れました。それこそ、僕のほうがもう限界です」

「うまいこと言いますね。そうしたら、最後に1つだけ聞いてもらえますか？」

「今日はこれが最後ですよ」

「これはとてもシンプルなので、わかりやすいと思います。では、営業利益についてです。『営業利益』は、『売上』から『仕入原価』と『販売費及び一般管理費』を引いたものです。言い換えると、『売上総利益（粗利）』から『販売費及び一般管理費』を引いたものです。図で言うと、この部分です」

税理士さんは、そう言って図を描いてさし示しました。

「図で説明してもらえると、イメージはわかります」

「営業利益は、実際の自分たちの営業、言い換えるならば、本業で得た利益という意味です。ここの金額が大きな会社は、本業がうまくいっているという証でもあります」

「ふーん」

「じゃあ、私は今日はこれで帰りますので、また来週の同じ時間におうかがいします。これまでお伝えしたことの復習を次回までの宿題にしておきます」

えっ宿題!?　でも、もっと話が続くかと

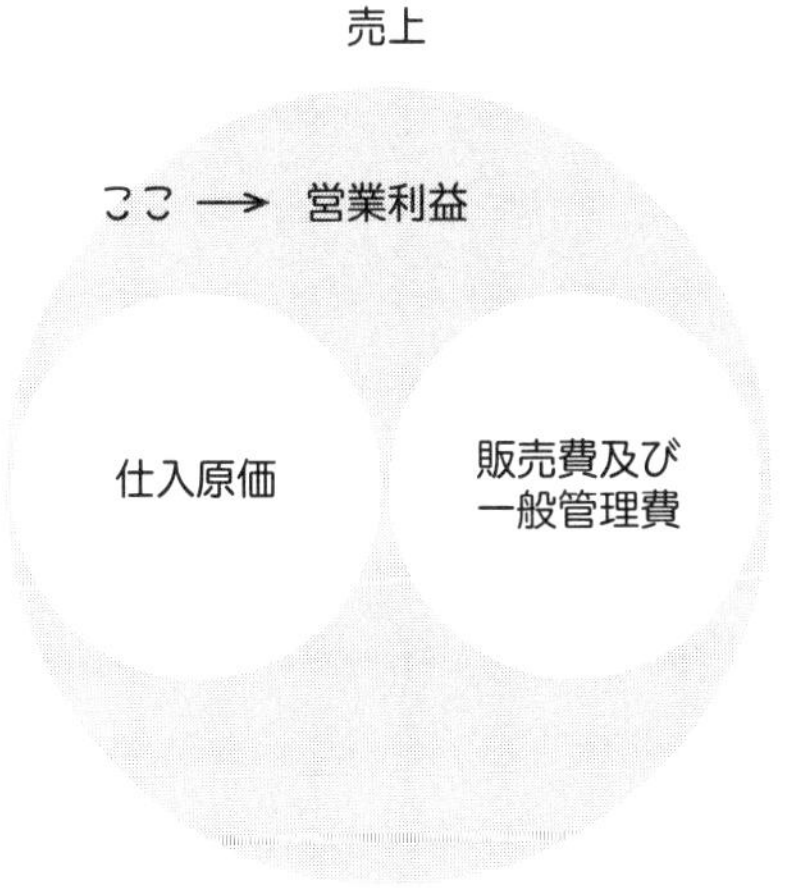

思ったら、意外とあっさり終わりました。

「これを覚えておくと儲かることにつながるんですか？」

「まあ、そうあせらずに。では、また来週よろしくお願いします」

まさかこの年になって宿題？　めんどくさいんだけどな……。というか、儲かるとは思えない話ばかりで正直疲れました。本当にこの税理士さん、大丈夫なんだろうか？　不安は募るばかりです。

それに聞き慣れない言葉のオンパレードで、頭のなかは混乱しています。果たして全部覚えないと儲かる会社にはなれないのか……早くも挫折《ざせつ》しそうです。

「限界利益」という「魔法のメガネ」

この前、「費用」の種類の説明を受けたわけですが、昔、会計の本を何日もかけて読んでみたものの、まず用語がさっぱりわからなくて、何も記憶に残っていないことを思い出しました。今回もそんなことにならなければいいのですが……。

そして、税理士さんが来る日を迎えました。

限界利益によって、「いくら稼げば儲かるか」がわかる

税理士さんは、いつものように額《ひたい》からしたたる汗をハンカチで拭きながら話し始めました。

「今日は『いくら稼げば儲かるか』がわかる限界利益についての話をしますね」

「この前、聞いたときも思ったんですけど、なんか難しそうな名前ですよね」

「そのまま説明すると、売上から変動費を引いたもの。少しかみ砕くと、売上から売れると必ずかかる費用を引いたものが限界利益ですが、一度理解できれば簡単ですよ。**限界利益によって、まるで魔法のメガネをかけているかのごとく、いくら売れれば儲かるかがわかります**」

「魔法のメガネ？」

「はい。粗利（売上総利益）はいわばふつうのメガネで見える数字です。でも、限界利益という魔法のメガネがあれば、本質的な利益が見えてきます。今まで見えなかった数字が見えるメガネです」

「うーん。なんだか、よくわからない……。それを覚えると儲かるんでしょうか？　もう、ずっと学校の勉強みたいだと思ったら、今度は『魔法のメガネ』というファンタジーの話ですか？　早く儲かる話を教えてくださいよ」

「まあ、そうあせらずに」

出た、またその言葉。

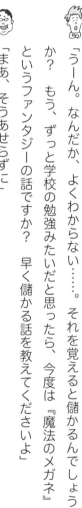

「僕はあせっているんですって！　会社はこんな状態だし、最後の望みをかけたお金をあなたに払ったんですよ。これでダメだったら、ウチは潰れます」

「落ち着いてください。お気持ちはよくわかります。私はこれまで同じような境遇の経営者さんとたくさん会ってきました。みなさん同じことを言います。はっきり言いますが、数字の基本をおろそかにするから、儲からないんです。この前、お話しした数字の基本をしっかり覚えたうえで、今日お話しする限界利益を学んで、実践することで、みなさん黒字に転換したんですよ。どうしますか？　ここから先の話、続けますか？　それともやめましょうか？」

なんだ⁉　これまでになかった税理士さんの自信満々な態度は！　しかも、メガネ越しにうっすらと見える視線が鋭い。税理士さんが本気で言っているのが伝わってきました。

いや、だまされてはいけない。だって、「限界利益」という言葉を知っても全然儲かる気がしないんですから。

会社の「儲けパワー」

慣れない会計の話で、頭からは湯気が出そうです。ただ、会社を黒字にしたいという気持ちだけが、僕と税理士さんをつないでいました。

税理士さんは「限界利益は魔法のメガネ」と言っていたけれど、いったいどんなところが「魔法」なのか見当もつきません。「魔法のメガネをかければ本質的な利益が見える」と言うけれど、そもそも「本質的」って何？

限界利益によって、いくら売れば黒字になるかもわかる

僕は両手で丸い輪っかを作って、目にあてながら税理士さんに質問しました。

「魔法のメガネをかけると何が見えるんですか？」

「より本質的な利益の構造を見ることができます」

「そもそも『本質的』っていうのが、どんなことを意味しているのかさえわからないんですが……。たとえば、今いくら儲かってるかって見えますか？」

「見えます」

「じゃあ、いくら売れば黒字になるかは？」

「見えます」

「じゃあ、いくらまで値引きしても儲かるかは？」

「見えます」

「じゃあ、いくら経費を削ればいいかは？」

「それも見えます。『限界利益』がわかると、さまざまな予測もできます。限界利益のすごさがわかったところで、その計算方法を教えますね」

「ちょっとだけすごいかもしれないと思ったくらいなんですが……。でも、どうすればそれが使えるようになるのかは知りたいです」

「この前、費用は2つに分けられるという話をしましたよね」

「あ、はい。固定費と変動費ですね。そこは覚えています」

「たぶん、計算式で見てもらったほうが理解しやすいと思います。限界利益っ

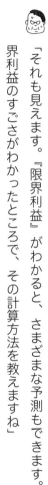

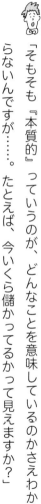

てこんな感じで使うんです」

限界利益−固定費＝営業利益（本業の利益）

「すみません。こんがらがってます。また、専門用語が頭に入ってきません」

「ゆっくり理解していけば大丈夫です。とにかく、**限界利益から、ニートな費用である固定費を引くだけで、営業利益（本業の利益）を計算することができるんです。**売上総利益（粗利）とか変動費とか関係なし。これだけで、いろいろな計算が楽々できるんです」

「ふーん」

「さらに、**限界利益が大きければ大きいほど、会社の『儲けパワー』が大きいと理解してもらって大丈夫です**」

「儲けパワー？」

なんだ、この怪しいワードは……。

「限界利益は変動費も含めて考えてある利益なので、『儲けパワー』がわかるんです。しかも、これは、決算書を見ても載っていないんです」

「儲けパワー」について真剣に話す税理士さんの顔を見て、思わずぷっと吹き出しそうになりながらも、必死にこらえました。

「これは税理士さんが考えたんですか？」

「いえいえ。僕ではありません。僕も最初はわからなかったんです。でも、学んで理解できるようになっただけです。ですから、古屋さんもきちんと学べば理解できますよ」

「儲けパワーをですか……」

ヒーローもののアニメに興じる子どもみたいに、いい大人が「儲けパワー」の話をしている姿が、僕にはシュールに思えました。

儲けパワーは、算数で計算できる

きっと怪訝《けげん》そうな表情になっている僕をよそに、税理士さんは、相変わらず会計の話をするのが楽しそうです。

「では、本題に入りましょう。限界利益額の出し方なんですが、とても簡単です。計算方法はシンプルなんです。小学校で習った算数だけで計算できます。これさえ覚えておけば、いつでも魔法のメガネが手に入ったも同然です」

限界利益額：売上額－変動費の額

「え？　こんな引き算でいいんですか？」

「はい。これだけです。限界利益は額と率で把握するんですが、まずは額から理解していきましょう。限界利益の額がいくらだというのは、会計の基本的なお金の数え方だと思ってください」

「あっ、でも、売上額と変動費の額がいくらなのかを把握してないと計算できないと思いますが……」

「はい。この前の費用の説明でもあった、まず自分の会社の変動費には、どんな費用があるのかを把握しておくことが大切です。では、古屋さんの会社にあてはめて、実際に計算してみましょう」

「はあ……」

「では、商品1個に対する限界利益額を出してみましょう。仕入額とか販売額とかがわかる商品を例に……。ここにある観葉植物っていくらで販売していますか？」

「えっと、これは2000円です」

「その金額は税込ですか？」

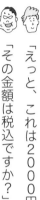

「いえ、税別です」

「ここ、大事なんですけど、税別で計算するなら、すべてを税別で計算してください。売上が税込で、原価も資材費も、いわゆる変動費が税別だったら計算がおかしくなっちゃいますから」

「でも、消費税の8％って、たいしたことないんじゃないですか？」

「いえいえ。8％は怖いですよ。100万円の8％は8万円です。もし自分のお財布から8万円がなくなっていたら、平気な顔していられます？」

僕は、実際に財布から8万円がなくなった状況を想像して、ゾッとしました。

「いやー、三日三晩うなされると思います」

「8％は大きいでしょ？　税込なら税込、税別なら税別で統一しましょう」

「そういうものなんですね」

「では、今回はわかりやすくする意味でも税別で統一しましょう。で、販売価格2000円の観葉植物が売れたら、売上は2000円ですね。この商品の仕入額はいくらになりますか？」

「これの仕入額は1000円です。税別です」

「仕入額1000円に、まだまだここから引いていきます。変動費を丸ごと引いたら限界利益額が出ますから。で、この観葉植物が1個売れたとします。そのときにかかるストーカー費用である変動費は、仕入額の1000円と、あとほかに何がありますか？」

「えっと。これに原価100円のバスケットをつけて、梱包するのに箱が100円、あとは、配送に400円かかっています」

「この観葉植物には仕入額の1000円と、売れれば売れるほどバスケットと箱と配送費を合わせた600円が必ずかかっているということですね？」

「はい。そういうことになります」

変動費の合計：1000円＋600円＝1600円

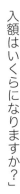

「では、変動費の合計額は１６００円になりましたね」

「そうなりましたか」

それっぽい答え方をしたけれど、本当は税理士さんの話を聞くだけで精一杯でした。

「計算してみてください。簡単ですよ。限界利益額＝売上－変動費の額」

限界利益額：２０００円－１６００円＝４００円

「えーっと、売上２０００円から変動費の１６００円を引くと、限界利益額は４００円ということになりますか？」

「正解です！　この商品が1個売れたときの限界利益額は４００円です」

「ここまではかろうじてついていっています」

「これは、1個だけ売れたときのやり方ですけど、1年間の売上に対する限界利益額を出すのも簡単です」

「それはどうやってやるんですか？」

「仮に、この2000円の観葉植物だけしか販売していなかったら、どうなるかで、まずは考えてみましょう。仮に年間100個売れていたら？」

さっきの計算を100個で考えればいいんだよな。これくらいならできそうです。

売上：1個2000円×100個＝20万円
仕入：1個1000円×100個＝10万円
バスケット代：1個100円×100個＝1万円
箱代：1個100円×100個＝1万円
送料：1個400円×100個＝4万円

「えーっと、100個だと、売上が20万円で、仕入額が10万円、バスケットが1万円、箱代も1万円、運賃が4万円です」

「では、売上20万円に対して、変動費はいくらになりますか？」

「えーっと、仕入額の10万円と、バスケット代の1万円、箱代の1万円、送料の4万円を全部足すわけだから、16万円です」

「限界利益額はいくらになりますか？」

売上20万円－仕入額10万円－バスケット1万円－箱代1万円－送料4万円
＝4万円

「売上の20万円から変動費の16万円を引くから、4万円ですか？」

「そうですね。簡単でしょ？」

「簡単ってほどじゃないですけど、なんとなくは理解できました。でも、実際

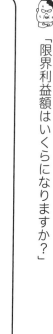

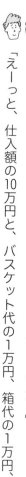

は、いろんな商品を扱っているので、こんなに簡単ではないですよね」

「たしかに今回はわかりやすいようにシンプルにしました。でも、計算式は同じです。ちなみに。じつは決算書を見て計算すると、1年ぶんを簡単に計算することができるんです。古屋さんの会社の昨年の限界利益額を出してみませんか？」

「出すことによって儲けパワーとやらがわかるんでしょうか……」

今まで教えてもらった、費用の種類のなかの1つ変動費。変動費と売上がわかるだけで、限界利益が理解できてしまう。それが自分の会社の儲けパワーにつながる、と税理士さんは言います。

ただ、まだ限界利益についてよくわからない僕にとっては「魔法のメガネ」ではありません。

決算書で見るところは2つだけ

「儲けパワー」という言葉の安っぽい語感はさておき、「パワー」とつく名の通り、力強い言葉ではあるので、じつはちょっと興味も湧いてきました。1つの商品の儲けパワーが見えてくるだけでなく、僕の会社の1年ぶんの儲けパワーが見えるらしい。

興味があるけれど理解しきれないもどかしさを抱えながらも、少しその先を知りたくなってきました。

決算書で、ここだけは見ておくべきところ

税理士さんは、手もとにある僕の会社の決算書に目をやりました。

「では、昨年の決算書のなかにある損益計算書を見てください」

「損益計算書には数字がいっぱい書いてありますが。どこを見ればいいんですか？」

損益計算書

（自 平成○○年○月○日　至 平成○○年△月△日）　　(単位：万円)

科目	金額	
売上高		4,500
売上原価		2,500
売上総利益		2,000
販売費及び一般管理費		2,200
営業利益		△200
営業外収益		
受取利息	0	
受取配当金	0	
為替差益	0	
その他	0	0
営業外費用		
支払利息	15	
棚卸資産評価損	0	
為替差損	0	
その他	0	0
経常利益		△215
特別利益		
固定資産売却益	0	
前期損益修正益	0	
賞与引当金戻入額	0	
製品保証引当金戻入額	0	
その他	0	0
特別損失		
前期損益修正損	0	
固定資産除売却損	0	
貸倒引当金繰入額	0	
その他	0	0
税引前当期純利益		△215
法人税、住民税及び事業税	0	
法人税等調整額	0	0
当期純利益		△215

「数字がズラズラと書いてありますが、で、そこの、いちばん上の『売上高』の部分の数字をまず書き出します。4500万円って書いてある部分です」

「4500万円。書きました。で、次はどこを見ればいいんですか?」

「では、売上高の下の『売上原価』を見てください。2500万円と書いてあります」

「あ、これですね。2500万円」

「次に『販売費及び一般管理費』と書いてある部分があるのですが」

「え? 販売なんでしたっけ?」

「これは純利益の説明でも少し出てきましたが、『販売費及び一般管理費』です。これは、固定費と変動費がまとまって載ってしまっているので、この明細が記載してある『販売費及び一般管理費の明細』をページをめくって探してみてください」

「あ、ここか。うわ。ここも数字だらけ……」

まあ、決算書だから当たり前か。

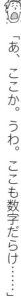

販売費及び一般管理費の明細

株式会社○○○○
（自 平成○○年○月○日　　至 平成○○年△月△日）

（単位：万円）

科目	金額
旅費交通費	50
広告宣伝費	400
役員報酬	300
給与	200
賞与	0
減価償却費	0
地代家賃	120
修繕費	10
荷造り運賃	500
通信費	30
水道光熱費	10
租税公課	0
寄付金	0
接待交際費	22
保険料	12
資材費	500
福利厚生費	20
雑給	0
リース費	10
雑費	16
販売費及び一般管理費	2,200

「大丈夫です。左側が費用の内容を表す項目。『科目』と書いてあります。旅費交通費とか、荷造り運賃とか、接待交際費とかいろいろ載ってますよね？」

「あ、ここか。はい。いやー、細かいなこりゃ」

「目が慣れてくれば心配いりません。変動費と固定費に分けたいので、このなかから、さきほど1個あたりの限界利益額を求めて変動費を出したように、『販売費及び一般管理費の明細』を見ながら変動費を探していきましょう。バスケットは資材費の項目、梱包用の箱も資材費の項目ですね。送料は荷造り運賃の項目に含まれていますから、この2つの部分だけですよ」

「2つだけ？」

「『販売費及び一般管理費の明細』というのは、独自の項目（科目）を追加することができるんです。たとえば、バスケットと箱を区別したいのであれば、箱代という項目を追加して分けることも可能です」

「項目は必ずしも決まっているわけではないんですね」

「そうです。自分の会社にあった項目（科目）がつけられると、どれが変動費

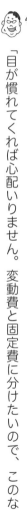

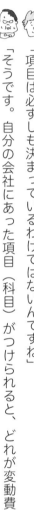

なのかがわかりやすくなるメリットもありますよ」

「へー」

僕は、会計というのが思っていたよりも柔軟なことに少し驚きました。

限界利益率は会社の「儲けパワー」

税理士さんは、決算書を見ながら話を続けます。

「では、本題に戻りますね。古屋さんの会社にとっての変動費は、売上原価、荷造り運賃、資材費でしたね。それぞれいくらになってますか？」

「売上原価が２５００万円でした。で、荷造り運賃が５００万円、資材費が５００万円で、合わせて変動費は３５００万円です」

「では、数字が出そろったところで計算してみましょう。限界利益額を出してみてください」

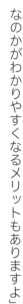

「はあ。えっと、限界利益額の求め方は、『売上－変動費』だったから、売上4500万円から、売上原価2500万円と荷造り運賃500万円と資材費500万円だから……。限界利益額は1000万円です」

年間の限界利益額：
売上4500万円－売上原価2500万円－荷造り運賃500万円
－資材費500万円＝1000万円

「はい。その通りです！　年間の限界利益額であろうが、商品1個あたりであろうが、計算のやり方は一緒なのは、わかりました？」

「なんとな～く」

「で、この限界利益額を使って会社の『儲けパワー』がわかるんです」

「会社自体の儲けパワーがですか？」

「そう、古屋さんの会社の儲けパワーがわかるんですよ。儲けパワーが高ければ高いほど、儲かる確率が上がってきます。今は儲かっていないかもしれないですけど、現状の儲けパワーを見てみませんか？」

なんだか、やたら「儲けパワー」「儲けパワー」とうるさいなあ。でも、なんだか気になります。

「見っ、見てみたいです……」

限界利益額を出してどのように使うのかの全容はまだ見えてきませんでした。

それにしても、いい年をしたおじさんが「儲けパワー」という言葉を連呼するのはどうかと。でも、「儲けパワー」という言葉、やっぱり嫌いじゃないです。

儲けパワーの正体は「限界利益率」

「儲けパワー」に関して、今僕がわかっているのは「限界利益額」が相当重要であるということくらいです。

「儲けパワー」という胡散臭《うさんくさ》さも感じる言葉と、「限界利益」という小難しい会計用語に、どんな関連があるのか？　僕にとって未知の領域はまだまだ続いていきます。

「儲けパワー」の計算は、公式にあてはめるだけ

税理士さんは、かけているメガネのふちをさわって位置を直しながら話し始めました。メガネの奥では、鋭い眼光が。

「儲けパワーの正体を知るにあたって、まずさきほど出した数字を整理しましょうか。売上と変動費と限界利益額を出しましたよね？　ちょっとそこに書き出してみてください」

「売上が４５００万円、変動費が合計３５００万円、限界利益額が１０００万円っと」

売上：４５００万円
変動費の合計：３５００万円
限界利益額：１０００万円

「儲けパワーを専門用語で言うと、『限界利益率』と呼びます。さきほど計算した、限界利益額を比率にしたものです」

「限界利益率が儲けパワーなんですか？」

「はい。**限界利益率が高ければ高いほど、儲けパワーがある**と思ってください。じゃあ、先に、公式から教えちゃいますね」

限界利益率：限界利益額÷売上×100

「うっ。なんか難しそう……。計算、本当に苦手なんですよね」

「難しそうに見えますが、まず100をかけるのはパーセントを出すためなので省いてしまっても大丈夫です。100をかける前の数字でも、何%なのかはわかりますよね」

「はあ……」

パーセントのことはわかったけど、こういう計算式ってパッと見てめんどくさそうなんです。

「売上に対して、限界利益がどの程度占めているのか、を見ていくという公式です。早い話が売上が10で限界利益が2であれば、限界利益率は20％ですよね？　そこを計算するときには小学校で習った割り算を使えば簡単なんです。2÷10は０・２です。そこに１００をかけると20になりますよね。で、答えが20％になるじゃないですか。その公式を使っているだけです」

「言っている日本語はわかりますが、それでも計算、苦手なんですけど」

「わかりました。公式にあてはめるだけですので簡単ですよ。では、計算してみましょう」

「じゃあ、なんとか。限界利益額が１０００万円、売上が４５００万円です」

限界利益率：１０００万円÷４５００万円×１００

「そうそう。電卓でピッピッとやっちゃいましょう」

「あ、はい。いち、じゅう、ひゃく、せんまん……」

限界利益率：1000万円÷4500万円×100＝
22・22222……

「小数点第2位を四捨五入したら、22・2％になりますね」

「22・2％ですか……」

「これが古屋さんの会社の儲けパワーです！」

税理士さんは、まるでドラマの主人公が、クライマックスで必ず言う決めゼリフのように言いました。

「儲けパワー」は、会社の現状を映す鏡

ただ、それがウチの会社の儲けパワーですって言われても、何も感情の変化が起きないんですが。

「で、その儲けパワーってやつで、何がわかるんでしたっけ？」

「限界利益率はその会社の現状を映す鏡と言っても過言ではありません。これは会社ごとに違います。今後どうしていきたいかを考えるうえでの指標となります」

「僕の会社は22・2％の儲けパワーがあるというのは、よいことなんですか、それともよくないんですか？　まあ経営状況からいえば、ダメっぽい気がしますが」

「22・2％はあくまでも指標ですが、一応、目安として知っておいてほしいのは、私が知るかぎり25％以下で黒字になっている会社は少ないです。そうです

ね、限界利益率が高ければ高いほど、儲けパワーが高いと思ってください。仮に限界利益率が30％の会社と25％の会社とでは、限界利益率が30％の会社のほうが、儲かる確率は高まりますね」

「やっぱり、高ければ高いほうがいいんですね。ってことは、これが理由でウチの会社は儲からないわけですか？」

「そうですね。そういうことになります。そして、限界利益率は高いに越したことはありません。で、これは決算書をもとにした数字ですが、商品1つずつの限界利益率も出すことができます。さきほどの観葉植物の限界利益率も出してみましょう」

「あ、はい。えっと、さっきの観葉植物の販売価格は2000円、限界利益額が400円で……」

観葉植物の販売価格：2000円
限界利益額：400円

限界利益率：４００円÷２０００円×１００＝20％

「限界利益率は20％でしょうか。会社の１年間トータルの限界利益率は22・2％でしたから、それよりも低いですね。ますます儲からない状況がそろっているわけですね」

「えー……。だから儲からないんですか？」

「そうですね。この商品は古屋さんの会社のなかで、儲けパワーが平均よりも低いです。この観葉植物が売れても儲かりにくいともいえます」

なんか、もうウチの会社のダメ出し祭りになってきました。

「心が折れてきそうなので、もっと儲かる話、教えてくださいよ」

「まあ、そうあせらずに。ここからが重要です」

出た、「あせらずに」。

「平均よりも低いと聞けば、余計あせりますよ！」

「まあまあ。この観葉植物がたくさん売れることで、売上は上がりますが、限界利益率が高まることには大きく貢献してはいない。つまり、この商品が売れても利益の底上げにならない。**売上を上げることが、利益率を上げることにつながるかというと、答えはノーです**」

自分がこれまで、とにかく売上を上げようと必死になってやってきたことが一瞬で否定されたわけです。でも、そんなことよりも数字が示す未知の世界への興味が勝り、もっとその先を知りたくなっていました。

「えーっ！　売上が増えても儲からなかったのは、こういうことなんですか？　じゃあ、どうやったら儲かるんですか？」

「**限界利益率がわかると、会社にとって1つの目指すべき数字が見えて**

きます。この限界利益率を指標にして、上げていくべきなのか、下げても大丈夫なのかを考えていくんです。今儲かっていれば22・2％は安全ゾーンかもしれませんが、今儲かっていないのであれば危険ゾーンという判断もできます」

「それって、儲からないことがわかっちゃうメガネじゃないですか！　ふつう魔法のメガネって希望が見えるものなんじゃないですか？　儲からない事実がわかるって残酷なんですけど。もう、いっそのこと会社やめちゃったほうがいいですかね？」

「あきらめるのはまだ早いですよ。どうすれば儲かるかを計算する方法があります。さらにこの限界利益率をもとに、いくらまで売上を伸ばせば会社が黒字になるのかを見ることもできます」

「えっ、そんなのがわかるんですか！」

「たしか限界利益の説明で言った気がするのですが……。ところで、『損益分岐点（損益分岐点売上高）』の計算をしたことはありますか？」

「なんとなく言葉は聞いたことはありますけど、計算したことはありません」

「とても簡単に計算ができますよ」

「限界利益率」の話で、なんとなくわかったのは、「売上を上げれば、会社にお金は残る」という今までの考え方では儲からないということでした。

では、儲かるにはどうしたらいいんだろう？　果たして「損益分岐点」を知ることで儲かるのか？　じれったい。早く教えてほしい。

第２章を読み終えた読者へ

孤独は人の心を蝕《むしば》みます。

話を聞いてくれる友人がいない、笑い合える仲間がいない、悩みを相談できる相手がいない。そんなとき人は闇から抜け出すことができません。

出口の見えない彼を救ったのは、商売仲間のふと発したひと言でした。「スゴ腕の税理士さんがいるよ」。これを教えてくれた仲間、そしてスゴ腕の税理士さんとの出会いがなければ、彼の商売が好転することはなかったかもしれません。出会いは、救いを求める彼に「苦境を脱出するキッカケ」をもたらしました。

彼が手にしたものは、「管理会計」という道具です。人の縁に加えて、管理会計の知識。これによって彼の運命は、音を立てて変わり始めます。

彼は気づきました。人間に男と女がいるがごとく、会計にも2種類あることを。

決算や税金のための税務会計（財務会計と呼ばれることもあります）と管理会計、

ここで悩める彼を救ったのが管理会計でした。もともと、管理会計は英語で「マネジメント・アカウンティング」といいます。直訳すると「経営会計」ですが、彼はこれを「儲けるための会計」と理解しました。

「儲けるための会計」の出発点はコストを「固定費」と「変動費」に分けること。これによって限界利益（売上－変動費）を明らかにすることができます。

彼は税理士さんとともに、あらゆるコストを丁寧に1つずつ確認しながら固定費と変動費を分けていきます。そして苦労の末に限界利益の考え方を理解し、実際に計算する方法をマスターしたのです。

「わかる」と「できる」の間にはかなりの距離があります。多くの商売人たちが限界利益を頭では「わかって」いますが、実際の現場で限界利益を計算「できる」ところまで行っている人は少ないのが現状。まったくの会計の初心者だった彼は、スゴ腕の税理士さんの力を借りながら、「できる」ところまできました。これはすごいことなんです。

限界利益と限界利益率まで理解し、それを計算するところまでできた彼は、これできっとうまくいきます。いや、うまくいくに違いありませんが……。

第3章
「儲けパワー」を高めるには、どうしたらいいんですか？

〜限界利益に、胸キュン。〜

黒字になるか、赤字になるかの分岐点

僕の会社を黒字にするために、税理士さんは話をしてくれていますが、今、僕がはっきりと理解できているのは「儲けパワーを高めること」。

たしかにそうなのかもしれないのですが、いったい、どうすれば儲かるのかはまだ見えてきていません。

損益分岐点で、儲かるかどうかのボーダーラインがわかる

「どうしたら儲かるのか？」とばかり考えていたら、僕は心の声を思わず税理士さんにこぼしていました。

「どうしたら儲かるか？　そうですね……。損益分岐点売上高って、わかりますか？」

「損と益の分岐だから、黒字になるか赤字になるかの分かれ目の数字ですか？」

「なんとなくは理解しているようですが、正しい説明をしておきますね。損益分岐点売上高は、利益がゼロになっている状態の売上のことをいいます。損益トントンの状態です。もっというと、最低でもここまでやらないと赤字だよねっという売上でもあります」

「ということは、最低限やるべき売上ということですか？　で、どうやって計算するんですか？　また難しい計算があるんですか？」

「ふつうの計算のやり方だと、下にある公式を使います」

$$\text{損益分岐点売上高} = \frac{\text{固定費}}{1 - \dfrac{\text{変動費}}{\text{売上高}}}$$

「うお！　なんだこれ！　分数のなかに分数が入っているじゃないですか。こんなの計算できないですよ」

「ははは。一般的な公式だと、とても難しいですよね。でも、さきほどの限界利益率があれば、とても簡単に出せるんです。こうです」

損益分岐点売上高＝固定費÷限界利益率

「え？　これでいいんですか？」

「はい。これだけで計算できます。限界利益率がわかっていると、あらゆる計算が一気にシンプルになってくれるんですよ」

「ちょっと魔法みたいですね」

「だから『魔法のメガネ』なんですよ」

この税理士さんは、あながち間違ったことを言っているわけではないと思えてきました。ただ、「魔法のメガネ」「儲けパワー」という言葉を聞いて、怪しく感じたのは僕だけじゃない気がします。

「僕でもできそうな気がしてきましたが、固定費の金額がわからないです」

「では、決算書の損益計算書のなかの『販売費及び一般管理費』の部分を見てください。さきほど、限界利益額を出すために、変動費の金額を出したじゃないですか？　それ以外は固定費として分類しますので、単純に引き算すれば固定費の金額が出るんですよ」

「えーっと、さっき計算した変動費の金額が３５００万円でした（99ページ参照）。だから、これを引けばいいんですか？」

「売上原価は別の項目（科目）ですから除きます。売上原価を除いた変動費はいくらですか？」

「えーっと、全部の変動費３５００万円から売上原価２５００万円を引くと変動費は１０００万円です」

損益計算書

（自 平成○○年○月○日 至 平成○○年△月△日）　　(単位：万円)

科目	金額	
売上高		4,500
売上原価		2,500
売上総利益		2,000
販売費及び一般管理費		2,200
営業利益		△200
営業外収益		
受取利息	0	
受取配当金	0	
為替差益	0	
その他	0	0
営業外費用		
支払利息	15	
棚卸資産評価損	0	
為替差損	0	
その他	0	0
経常利益		△215
特別利益		
固定資産売却益	0	
前期損益修正益	0	
賞与引当金戻入額	0	
製品保証引当金戻入額	0	
その他	0	0
特別損失		
前期損益修正損	0	
固定資産除売却損	0	
貸倒引当金繰入額	0	
その他	0	0
税引前当期純利益		△215
法人税、住民税及び事業税	0	
法人税等調整額	0	0
当期純利益		△215

「では、『販売費及び一般管理費』の金額はいくらになってますか？」

「2200万円です」

「では、そこから変動費の1000万円を引くと？」

「1200万円です」

「固定費が出ましたね。では、公式にあてはめて計算してみましょう。22・2%は小数でいうと、0・222ですから、小数に直して計算してもいいです」

損益分岐点売上高：固定費1200万円÷限界利益率22・2%
＝5405万4054・1円（小数点第2位を四捨五入）

「5405万4054円ですか？」

「そうです！　5405万円が損益分岐点売上高です。これは限界利益率22・2%を守って売り上げた場合で、固定費が年間で1200万円であることが条

件になります。だから、**今以上に値下げをして売上を上げた場合には、変動費が増えるため限界利益率が下がってしまうので、損益分岐点売上高はもっと高くなってしまいます**」

「僕の理解が正しければ、値下げをすることで、儲けるために必要な売上のハードルが上がってしまったわけですか？」

これまで僕は、セールで値下げをして売上が上がると喜んでいたわけですが、ひょっとして、これもまずかったのかもしれないです。

「素晴らしい理解です！　たとえば新しく人を雇ったり、広告費をさらに使ったりすれば、固定費が増えて、損益分岐点売上高は上がっていってしまいます」

税理士さんは、僕が理解しつつあることがよっぽどうれしかったらしく、思わず拍手をしました。

損益分岐点は、条件によって変わる

僕は、損益分岐点というのは、条件によって変わることに気づきました。あとから冷静に考えてみれば当たり前のことですが、すごい発見をしたかのごとく税理士さんに言いました。

「損益分岐点って、条件が変わるとどんどん変わっていくんですか！」

「計算というのは、ある条件のときにどうなるのかを表すだけですので、こんなときにはどうなるかなどは、そのつど計算をします。それはシミュレーションともいえます。今の状態であれば、現在４５００万円の売上を９０６万円アップさせて５４０６万円以上になれば、赤字脱出ということになりますね」

「あと９０６万円も売り伸ばさないといけないのか。やっぱりウチの会社は黒字にならないです。だって、すぐに９０６万円も伸ばせるわけがないじゃないですか。机上の空論ですよ、会計なんて。結局そういうことですか……」

損益分岐点の話を聞いて、黒字にするのは無理だと思いました。

今の売上を上げることですら精一杯なのに、さらに906万円も売上を伸ばさなくてはいけないとは。しかも、そこまでやって利益はまだゼロです。

それにしても、黒字にするには、もっと売上を伸ばさなくてはならないなんて……。

「こうしたら、こうなる」というシミュレーション

自分がやってきたことがことごとく否定されて意気消沈しました。でも、中途半端な理解でこのまま会社を潰すのはイヤだという気持ちも大きくなってきました。それに数字が苦手な僕でも、「こうしたら、こうなる」というシミュレーションをしてみると、その結果の違いはわかります。我慢して聞いてみることにしました。

黒字と赤字は紙一重

最初は、税理士さんの怪しい雰囲気から、僕は少し斜に構えて話を聞いていましたが、このままでは聞けることは聞かないと終われなくなってきました。

「限界利益にまつわるさまざまなことがわかったら、**まず売上至上主義を捨ててください。**そのためには、さらにシミュレーションしてみましょう」

「こうなったら、どうなるかは見たくなってきました！」

「仮に値上げをして、売れ筋の商品がもっと限界利益率の高い商品になったとしましょう。それで、限界利益率が5％上がって、27％になったとします。その場合、損益分岐点売上高がどれくらい下がるか計算してみませんか？」

「どれくらい下がるんでしょうか？」

損益分岐点売上高：固定費1200万円÷限界利益率27％
＝4444万4444・4円（小数点第2位を四捨五入）

「4444万4444円。今の売上でも損益分岐点売上高を超えてしまいますよ。たった5％改善するだけで、黒字になります」

「え？　これ本当なんですか？　たった5％でこんなに変わるんですか？」

限界利益率が5％上がっただけで黒字になるとは、ちょっとしたマジックです。あっ、だから「魔法のメガネ」と名づけたのだと思いました。

「そうなんです。黒字とか赤字って、紙一重のことが多くて、たった5％がとても重く大きな数字となってくることが多いんです。5％の値引きだからどうってことないやと思って値引きをしていると、知らないうちに赤字になってしまったりするんですね」

「5％……あなどれないですね」

「5％の改善で、ここまで変わるのは、珍しいことではないんです。そういう意味では、たったの5％かもしれませんが、もし5％だけ値上げしても売れ行きはさほど変わらないとしたら、どうでしょう？」

「おお。すごい。なんだか活路が見えてきました！」

税理士さんにも、僕がやる気になったことが伝わったようで、なんだかいつも以上に教えるのが楽しそうです。

「では、1か月ぶんに落とし込んで計算してみましょう。たとえば、今月の損益分岐点売上高がどうなっているかとか、知りたくないですか？」

「知りたいです」

「少し強引かもしれませんが、年間の固定費を12か月で割ってみれば、1か月ぶんの固定費になりますよね？　月によって固定費は変わるので、月間の平均の固定費を把握しているのがいちばんなんですが、まずはざっくりとやってみましょう。年間の固定費1200万円を12で割ると100万円ですね。それを公式にあてはめてみてください」

今月の損益分岐点売上高：今月の固定費100万円÷限界利益率22・2％
＝450万4504・5円（小数点第2位を四捨五入）

「450万円くらいですか?」

「そうですね。これって、今月達成できそうですか?」

「いえ、無理だと思います。こんなに売上はいかないと思います」

「それならば、損益分岐点売上高を下げることもできますよ」

「え? そんなことが可能なんですか?」

「さっきみたいに、もしも、毎月の限界利益率が5%上がったらどうなるか、シミュレーションしてみましょうか」

「はい」

今月の損益分岐点売上高:今月の固定費100万円÷限界利益率27%
=370万3703・7円（小数点第2位を四捨五入）

「うわ! 80万円も変わった! たった5%なのに、こんなに変わるんですね。

10%変わったら、ものすごく変わってしまうんじゃないですか?」

数字が苦手なのは変わらないけれど、数字のマジックを見ていると、数字とはもうちょっと仲よくしたほうがいいと思えてきました。

数字1つで黒字に変わる

計算はそれなりに手間だけれど、結果を見るのが面白くなってきました。

「限界利益率が22%から10%上がったらどうなるか見てみましょう」

「どうなるんですかね?」

今月の損益分岐点売上高:今月の固定費100万円÷限界利益率32%
=312万5000円

「312万5000円。450万円と比べたらとんでもなく下がりましたね」

「そうですね。138万円も下がりましたね。それだけ、限界利益率を上げていくと、損益分岐点売上高は下がっていくということになりますね」

「そりゃ限界利益率は高いほうがいいんでしょうけど、何をもって高いのかは、会社ごとによって違う気がしました」

「鋭い！　それが『限界利益率は単に高いか低いかではなく、あくまで会社の指標』という理由です。たとえば、値上げをして限界利益率を高めたとします。でも、いくら自分が儲けたいからといって、値上げし過ぎた場合には、商品が売れなくなる可能性もあります。価格は、その商品の価値に釣り合っているかどうかも大切になってきますよね」

「たしかに……」

「限界利益率は高いに越したことはありません。でも、販売数が大幅に減ってしまうと限界利益額も下がってしまいます。限界利益率のバランスをとっていくのが価格設定の醍醐味です。『値決めこそ経営』と言う人もいます」

「奥が深いですね。でも、実際にどうやって価格を調整すればいいかわかりません」

「あ、ちょっと待ってください！」

税理士さんは、自分の腕時計に目をやると、少しあわて出しました。

「どうしたんですか？」

「もう16時なんで、今日のところはこれで帰ります。あ、それと、今日やったこと、とくに計算の復習をしておいてください。それが今回の宿題です。じゃ、また来週、同じ時間におうかがいします」

予定があるのならしかたがないけれど、せっかくいいところだったのに。しかも、時間切れになったら宿題とは。

「また宿題ですかあ？　僕そういうの好きじゃないんですけど」

「学んだら即実践。努力はウソをつきませんよ」

計算1つで黒字になってしまう。この「魔法のメガネ」をかけることで、見える数字が変わる。もしかしたら、会社を黒字にすることができるかもしれません。

価格を少し上げるだけで黒字に転換するというのは、赤字と黒字は紙一重なんだと、気づかされました。

しかし、最後に税理士さんが残した「学んだら、即実践」という言葉、何かの本で読んだことあったような……。

「値上げ」によって、限界利益率はどう変わる？

理屈はわかりましたが、実際にどう価格を調整していけばいいのかはわかりません。ただ、これも「魔法のメガネ」をかけると、見えるんでしょうか？　いずれにせよ、何が原因で儲からなかったのかは少しずつわかってきました。

病気も原因がわからなかったら、治療のしようがありません。しかし、僕の会社の「赤字体質」という名の病気の原因は、会計によって明らかになりつつあります。

そして会計を学んで、とにかく赤字体質から脱却したい、何がなんでも黒字にしたいという想いはどんどん強くなっていきます。

今回は宿題にされていた復習も、前よりは真面目に取り組んだところ、自分で損益分岐点売上高や限界利益率を出せるようになりました。

「値上げ」をするだけで、黒字になる!?

税理士さんは、今日も楽しそうです。この前、帰り際にわさわさしていたので、宿題のことは忘れているかもしれません。

「古屋さん、宿題やりました?」

僕は、宿題ができたことで少し自信がついたのか、税理士さんの質問に思わず笑みがこぼれそうになりました。しかし、まだ儲かる話をすべて聞いた感じはしていないので、そんなに簡単に心を許すものかと顔を一瞬で引き締めました。

「まあ自分なりには。今日こそ、もっと儲かる方法を教えてくださいね」

「まあ、そうあせらずに」

出た、またこの言葉。

「そうやって、いつももったいぶるんでよすね」

「そう言わずに。では早速、始めましょうか。月間や年間の限界利益率は、商品1つひとつの積み重ねで、でき上がっているのはわかりましたか？ 前回、計算した観葉植物の価格設定の見直しを含めて、シミュレーションをしてみませんか？」

「僕の返事に関係なく、どうせシミュレーションするんですよね……」

税理士さんのマイペースな進め方には、さすがに僕も慣れてきました。

「では、値上げした場合と、値下げした場合を見ていきましょう」

「これまで必死に値下げをして売ってきたので、どうなるか知りたいです」

「まずは、販売価格と変動費を書き出してみてください」

「こんな感じでいいですか？」

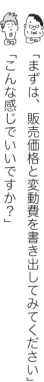

販売価格：送料込で２０００円
仕入原価：１０００円
バスケット代：１００円
箱代：１００円
送料：４００円

「はい、ＯＫです。では仮に、10％値上げをした場合をシミュレーションしてみます。限界利益額と限界利益率の公式を覚えてますか？」

「こうでしたっけ？」

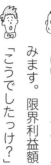

限界利益額：販売価格－変動費
限界利益率：限界利益額÷販売価格×100

「宿題の成果が出てますね。では、実際に計算してみてください」

「えーっと、限界利益額は４００円。限界利益率は20％です」

「では、販売価格を10％値上げした２２００円で計算してみましょう」

販売価格：送料込で２２００円（10％値上げ）
仕入原価：１０００円
バスケット代：１００円
箱代：１００円
送料：４００円

限界利益額：2200円－1600円＝600円
限界利益率：600円÷2200円×100＝27・3%
（小数点第2位を四捨五入）

「うわ！　限界利益率が27・3%！　限界利益額も200円アップです」

「一気に限界利益率が上がりましたね。この前の損益分岐点売上高が下がったのを思い出してみてください。限界利益率はこのままで販売数が変わらなければ、一気に黒字になりますね」

「ホントですね！」

たった10%の値上げで一気に黒字になってしまうというのは、ちょっと信じられません。やっぱり魔法のようでした。「魔法のメガネ」と名づける理由も納得できます。

たかが１％、されど１％

税理士さんの話がだんだん面白く感じてきました。税理士さんにもそれが伝わっているのか、「もっと面白がらせよう」という雰囲気がぷんぷん漂ってきます。僕の顔を見ながらニヤニヤと考えごとをしているので、そうに違いありません。

「ところで、１％の利益率の違いって大きいと思いますか？」

「１％なんて誤差みたいなものですよね？」

「それが、会計の視点で見ていくと、とても大きな違いになるんです」

「へ〜え」

僕は心のなかでは「まったくおおげさなんだから」と思いながら、とりあえず相づち程度のリアクションをしました。

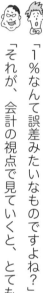

「とくに小売業の場合、仮に全商品を１％値上げをして、販売数が変わらなければ、営業利益率が20％以上アップすることもあるんですよ」

「えっ？　たった１％価格を上がるだけで？　たとえば、１０００円の商品が１０１０円になっただけですよね」

「そうなんです。実際に古屋さんの会社の決算書を使って計算してみましょう」

「はあ、まあいいですけど」

税理士さんのこれまでの話には驚いたことも多いけれど、これはちょっと言い過ぎな気がします。

「売上が４５００万円だとして、仮に全商品を１％値上げをしても、販売数が変わらなければ、単純に売上４５００万円の１％である45万円の利益が増えたことになりますよね」

「そこまではわかります」

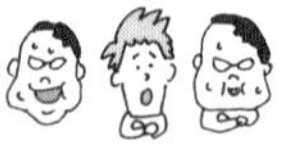

「では、この45万円の違いで、営業利益は何％アップしたと思いますか？」

「すぐにわからないです……」

「結論からいうと、じつは22・5％も改善したということになるんです。計算式だと、「アップした営業利益額　÷もともとの営業利益額」という計算式になるのですが。古屋さんの会社は営業利益が△（マイナス）２００万でしたよね。だから、45÷２００で０・２２５になるので、パーセントにすると22・5％。もとの営業利益額から比べると、22・5％アップしたということになります」

「えっ!?　1％しか変わっていないのに、22・5％も」

「どうです？　1％って大きいでしょう？　これは、全商品を1％値上げして、販売数が変わらないという条件ですが、1％ってバカにできないでしょ？」

「たしかに……」

「たかが1％、されど1％。このわずかな差が大きな差となって自分に返ってくることを忘れないでください。1滴1滴の岩を伝う水が、小さな沢の流れになり、いつしかそれは川の流れとなり、最後には海となるようにです」

「うまいこと言った感じになっていますが、そのたとえよりも、さっきの１％による改善の数字のほうがインパクトがあったような……」

税理士さんはだんだん自分の話に酔ってきて、いつも以上に饒舌《じょうぜつ》になったことはさておき、１％、恐るべし。

１％なんて誤差の範囲だと思っていたのですが、改善の割合は、僕の想像をはるかに超えていました。

「１円を笑う者は、１円に泣く」という言葉がありますが、僕は今まで１％をバカにしていたから、１％をはるかに超える赤字で泣いていたのかもしれません。

「値下げ」によって、限界利益率はどう変わる?

10%の値上げで黒字になるという話を聞いた僕は俄然やる気になってきました。これで一気に業績を回復させることができるかも!?
じゃあ、逆に値下げした場合はどうなるんだろう? 値下げはこれまでセールをして何度もやってきたけれど、シミュレーションするとどんな結果になるんだろう?

「10%オフ」だけで、赤字に直結する!?

ここまでくると、値下げした結果も、もちろん知りたくなります。

「では、値下げした場合もシミュレーションしてみましょう。たとえばセールで10％オフとかやったりするじゃないですか？　それを想定して、販売価格２０００円の10％オフで計算してみましょう」

「わかりました。こんなふうになります」

販売価格：送料込み１８００円（10％オフの価格）
仕入原価：１０００円
バスケット代：１００円
箱代：１００円
送料：４００円
限界利益額：１８００円－１６００円＝２００円
限界利益率：２００円÷１８００円×１００＝11・１％
（小数点第２位を四捨五入）

出てきた数字を見ると、限界利益率は半分近くになっています。これは、僕の計算ミスなのかもしれません。

「これ、何かの間違いじゃないですか？　10％しか値下げしていないんですよ？」

「これは間違いではありません。1個売っても200円しか限界利益は出ないんです。そして、限界利益率もたったの11・1％です」

「えっ！　本当に数字はウソをつかないのかなあ……」

「数字はウソをつきませんよ」

「これ間違いじゃないんですか？」

困惑する僕を尻目に、税理士さんはなんだかうれしそうです。

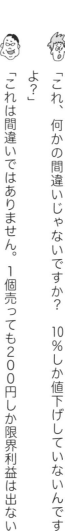

数字でわかる「セール」の怖さ

まず値引きの割合と、限界利益率の割合が必ずしもイコールではないことがわかりました。

「10％値下げしたら、限界利益率も10％下がるわけではないんですね。これなら値引きしても意外と利益は残るのではないでしょうか？」

「そこが落とし穴なんですよ。わずか約９％のダウンだと思ってしまう方が多いんですが、値引きした際の

	通常	10%値上げ	10%値下げ
販売価格	2,000円	2,200円	1,800円
限界利益額	400円	600円	200円
限界利益率	20%	27.3%	11.1%
差　異	――	7.3%アップ	8.9%ダウン

穴埋めを販売個数で考えて見てみるとわかりやすいですよ」

「10%値引きした場合は、販売個数が10%伸びれば同じくらいの利益を確保できると思っていたんですが、そうではないんですか?」

「残念ながら、そうではないんですね。値下げする前の販売価格での限界利益額は4００円でしたね。仮に1日10個売れていたとします。その場合は、1日の限界利益額は4０００円です」

「そうなりますね」

「10%値下げした場合は1個売ったときの限界利益額は2００円になりますから、21個売ってやっと通常時の限界利益額を上回ります。21個販売しないとセールをした意味がないんです」

「えー! そんな……。ってことは、セールして売上個数が2倍以上にならないと、いつも通り売っていたほうが、利益が出てるってことですか?」

自分がこれまでやってきたことが間違いだったと、ここまで論理的に説明されると、悔しいという気持ちよりも、頭をガツンと殴られたような感じで、言葉が出ません。

「だんだんわかってきましたね。その通りです！　仮に20％オフにした場合には一生利益は出ません」

「えっ!?　どうしてですか？」

「結論から言うと、限界利益がゼロになります。10％オフ、20％オフと簡単に値引きしてしまいがちですが、値引きは大幅に販売数が伸びることが前提でないと成立しない売り方の1つなんです。さらに言うと、知らず知らずのうちに赤字を垂れ流します」

「えー……」

「2倍だとトントンだから、10％オフをして3倍の数を売るためには、セールをどんどんやったほうがいいかもしれません。そのほうが儲かります。でも、3倍の仕事も同時に降ってきます。すると、どうなりますか？」

「新たなスタッフを雇う必要性が出てくるかもしれないです」

「そう、スタッフさんたちの負担を考えれば、新しい人を雇ったりしますよね。そうすれば人件費として固定費が必然的に上がります。その場合も考えて損益分岐点売上を計算していく必要があるんです」

「単にセールをやれば売れると考えていたのが、いかに愚《おろ》かだったか……」

「セールをすること自体は悪ではありませんが……」

「そうか！　これか！」

「どうしたんです？　急にテンションが上がって」

「セールしないと売れないんだから、今のお給料でスタッフにもっとがんばってもらったらいいんだ！」

「スタッフは道具ではありませんよ。古屋さんと同じ、人格を持った1人の人間です。業務的なことでいえば、忙し過ぎて離職率も上がってしまいます。いわゆるブラック企業化してしまうんです」

「ああ……」

「やりがいを持ってスタッフに働いてもらうためにも、限界利益率は高めたほうがいいです。経営の方向性や、固定費の金額も考えると、小さな会社は限界

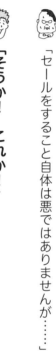

利益率を高めていく方向性のほうが、私は賢明だと思っています」

「セールをやって、限界利益率が下がるというのは、なんだかまさに骨折り損のくたびれ儲けってことですね。30％オフなんてしたら、なかなか回収できないどころか大赤字ですね……。恐ろしい」

「これはセールが悪いのではなく、価格設定の問題です。セールをする前にきちんと限界利益率などを計算したうえで、価格を下げるシミュレーションを行うことです。実質どれくらいの数が売れればいいのかを事前にわかっていれば、セールで利益が上げられるのかどうかをチェックすることができます」

「では、在庫処分で破格のセールをしたら、大赤字になってしまうなんてことも……」

「そうです。在庫は処分できても、仕入額や資材などの変動費のぶん、マイナスになることもあります。だから、在庫処分をして原価くらいは回収したいというときは、全部売り切った場合にどの程度回収できるのかというシミュレーションをしておくといいでしょう」

「今まで適当にやっていたので、心しておきます」

悲しいかな、僕が今までやっていた、安売りしてでも売上を上げようというやり方では、儲からない理由がわかりました。

そして、スタッフを道具として見ていたかもしれないというのは、認めたくないけれど、心に突き刺さりました。だから僕の会社の離職率が高かったのかもしれません。

何より、やりがいを持って働ける職場を作るためにも「小さな会社は限界利益率を高めていく方向性のほうが賢明」という税理士さんの言葉は、まだぼんやりとした理解ですが、心に残りました。

「商売」とは、誰かに喜んでいただいて、その対価を得ること

税理士さんに教わった限界利益の話をもとに、さっそく値上げをしようと思いました。ただ、何か引っかかるものがあったんです。やっぱり値上げは怖い。もしも、値上げをして売れなくなったらどうしよう。

値上げをして、売れなくなったらどうしよう？

値上げに対する不安な気持ちが大きくなってきて、たまらず税理士さんに電話をかけました。

「もしもし、ちょっと相談したいことがありまして。今大丈夫ですか？」

「はい。大丈夫ですよ。どうされました？」

「値上げするのが怖いんです。値上げして、売れなくなったらどうしようと不安なんです」

「でしょうね」

「どうやったら、お客さんにバレずに値上げできますか？　ちょっとずつ、こっそり値上げしたらバレませんか？」

「それって、お客さんにはとても失礼なことですよ！」

「えっ？　失礼!?」

「はい。こそこそ値上げをするのではなく、お客さんが何に困っているかを理解して、その困りごとを解決して差し上げれば、値段はあまり関係ないんです」

「どういうことですか？　意味がよくわからないんですが……」

電話越しの税理士さんは、理解していない僕にどう言えばいいか考えているようで、しばらく沈黙していました。

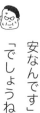

高くても、お客さんがお金を払ってくれるには？

税理士さんは、電話越しでぶつぶつと何かひとり言を言っていたと思ったら、「これならわかるかもしれない」とつぶやき、話し始めました。

「いきなりですが、富士山の山頂で販売されている缶コーヒーの値段っていくらか知っていますか？」

以前、僕は登山をしたとき、山頂にあった山小屋の自販機を思い出しました。

「まあ、高くても２００円くらいじゃないですか？」

「じつは４００円なんです」

「そんなに高いんですか！」

「よく考えてみてください。車で運べる場所ではないので、人が運んでいるん

ですよ。その人たちの労力も、もちろんですが、自販機のメンテナンスのコストもかかります」

「たしかにコストはかかりますよね」

「そして、夏でも寒い富士山の山頂で、寒い思いをする人に対して、温かい飲み物でほっとひと息ついてもらおうと自販機を設置しています。これって、足もとを見ているのではなくて、山頂で凍える人に対しての思いやりではないでしょうか？」

「儲かるからやっているのではないんですか？」

「儲けだけを考えたら、ふつうに人通りの多い場所に設置したほうが効率がいいじゃないですか」

「あっ、たしかに。わざわざ、富士山に登って補充しに行くんですもんね」

僕は重い荷物を背負って運ぶ人を想像しました（実際に富士山の山頂にそうやって運んでいるかどうかはさておき）。

「商売って、誰かに喜んでもらうことで、正当な対価をいただくことなんです」

「誰かに喜んでもらう？　正当な対価？」

「そうです。お客さんに喜んでもらうことが、商売そのものなんです」

「お客さんは、高くても、その価格が正当だと思ってくれるんでしょうか？」

「提供している商品の価値自体に、その値打ちがあれば、喜んで支払ってくれますよ」

「提供している価値自体に、その値打ちがあれば」。この言葉を聞いて、僕は何も言えなくなってしまいました。

今まで、お客さんに喜んでもらおうという一心で、安売りを継続してきました。でも、高くても喜んでもらうことができるものなのか？

そもそも、僕の会社で取り扱っている商品が、お客さんの困りごとを解決できるんだろうか？　お客さんが困っていることって何だろう？

税理士さんは困っていることを解決できるのであれば、値上げをしても、しっかりと売れるって言っていました。

セールで値段を下げて売るのではなく、値上げしても売れるには、どうすればいいんだろう？

「商売って、誰かに喜んでもらうことで、正当な対価をいただくことなんです」という税理士さんの言葉を、僕は頭のなかで反芻《はんすう》していました。

第３章を読み終えた読者へ

世の中には競馬が好きな人と、そうでない人がいます。

え!?　競馬は会計に関係ないんじゃないかって？

それがそうでもないのです。この章の内容に大きく関係するのです。

競馬好きの人は、競馬新聞を見ながらレースの展開をさまざまにシミュレーションします。もちろん、馬がどれだけ走るかはゲートが開いてみないとわかりません。それでも馬券を当てたい人間は、一生懸命シミュレーションを繰り返すのです。

管理会計を理解した彼は、競馬好きの人と同じように売上・コスト・利益のシミュレーションを税理士さんと一緒に始めました。馬よりはマシですが（?）、商売においてもお客さんの行動をすべて支配することはできず、「どれだけ売上が上がるか」はフタを開けてみないとわかりません。しかし管理会計を学んだ彼は、「売上がこう動くと、限界利益はこうなる」というシミュレーションができるようになりました。

管理会計のメリットは、まさにこの「利益のシミュレーション」にあります。決算書だけではできなかった「利益のシミュレーション」が可能になる、これが管理会計の長所です。

固定費と変動費を区分した利益のシミュレーションは、「一次方程式で商売を見る」ようなものです。私たちが中学校の数学で習った「y＝aχ＋b」でいえば、χがお客さんへの販売数、それに比例してかかるのがaχの変動費、さらに固定費bを加えたものが総コストy。

管理会計のシミュレーションは、中学生レベルの数学で十分です。慣れれば決して難しいものではありません。数字嫌いの彼も、やっとここまできました。

彼は損益分岐点売上高のシミュレーションから始めて、10％値上げ・10％値下げをしたら数字がどう動くかの計算をしていきます。これによって、いよいよ彼は「売上の呪縛」から解き放たれ、「値上げ」に向けて決意を固めます。

おそらくふつうのビジネス小説なら、この先、値上げをしてハッピーエンドになることでしょう。しかし事実は小説より奇なり。このときの彼は、髪の毛が真っ白になるほど苦労することになるとは、知るよしもありません。

第4章
「値上げ」をしたら、天国と地獄を見ました

～心の折れた店長～

「値上げ」をしたら、お客さんが来なくなりました

△腹をくくって、値上げをする

3週間にわたり、会計のことをスゴ腕の税理士さんにみっちりと教えてもらったあと、僕は値上げに踏み切ることにしました。

値上げの決意ができたのは、「腹をくくった」というと格好いいのですが、うだうだとずっと悩んでいてもしかたがないのと、このまま同じことをやっていても黒字にならないことが理解できたからです。

チマチマと値上げをするのは性に合わないので、一気に全商品を値上げしました。

値上げをした当日。ドキドキしながらパソコンの注文の画面とにらめっこをしなが

ら待てど暮らせど、1件も注文が入ってきません。

「あれ？　なんかインターネットのシステム障害でも起きてる？」と不安になり、ウチの会社のホームページに行って、試しに自分で注文をしてみると、ちゃんと注文することができます。

値上げをしたからといって、まさか1件も注文がこないとは思ってもいません。結局、その日は注文がまったくない状態のまま過ぎていきました。


翌日、今日こそは注文がくるだろうと、パソコンの前に座りましたが、まったく注文がくる気配すらありません。

「これはさすがにまずいな……」とあせってきました。さらに、値段をもとに戻したくなる衝動が。心のなかでいろいろと葛藤していると、時計の針がカチカチと動く音がやけに大きく聞こえてきます。

そんななか、自分にできることは、ただただパソコンの前で待つのみ。「何もせずに待っている時間というのは、なぜにこんなにも長いのか」と、さすがに心が折れそうになってきます。

そして、注文がないまま、また長い1日が過ぎていきました。

その翌日。2日間も注文がゼロというのは、さすがにもう限界です。心臓をギューッとつかまれたような気分です。

やるせない気持ちのまま、しばらくボーッとしていたら、税理士さんが前に言っていた言葉を思い出しました。

「お客さんが何に困っているかを理解して、その困りごとを解決して差し上げれば、値段はあまり関係ないんです」

「そうか！　これか！」

お客さんの困っていることがなんなのかがわかれば、それを解決できそうな商品を提案してみたらいいんじゃないだろうか？　早速、社長兼店長である僕はお客さんに一斉メールを送信することにしました。

メールの件名は「困りごとはありませんか？」。

こうなったら、ヘタな小細工などなしで直球勝負です。メールの文面を書き終え、メルマガ会員さん全員へ送信完了！　あとは、返事が来るのを待つだけです。

数時間後、メールの返事が3通きました。

ワクワクしながらメールを読むと、すべて「金額が高い」という内容です。深いため息をついて、自分を呪いました。

そして、打つ手がことごとく失敗する、この八方ふさがりの状況にたまりかねて、税理士さんに電話をしました。

「あのう。値上げをしたら、お客さんが来なくなって。そのあと、税理士さんの言葉を思い出して、思いきってお客さんに、困りごとがないかメールで聞いてみたんです。すると、『金額が高い』というのが困りごとということで。もう、どうしたらいいかよくわからなくて……」

「どんなふうに聞いてみたんですか？」

「お客さんにメールで『困りごとはないですか？』と直接聞いてみたら、そう言うんです」

「え？　直接聞いたんですか？　だったら、お客さんもそう言うかもしれませんね」

「これって値上げに反対ってことですよね？」

「違うんです。値上げをするかわりに、お客さんも気づいていない困りごとを解決してあげるんですよ。ちょっと今取り込み中なんで失礼しますね」

「お客さんも気づいていない困りごとってなんですか？　もしもし！　もしもーし！」

プーップーップーッ（どうやら電話が切れたみたいです）。

僕には税理士さんが言っていることの意味がよくわかりません。わからないながらも、もがき続けたのですが、会社の業績はみるみる落ちていきました。

△値上げをした結果、さらなる悪夢が

急に電話を切った税理士さんにいらだちを覚え、以来、税理士さんに連絡するのをやめました。

そして、値上げをしてから1年後、売上は70％もダウンしてしまいました。いつ潰れてもおかしくない状態から、さらに深刻な状態に。そんな会社の業績の悪化は、具体的に次のような順番で僕の身に降りかかったのです。

- **銀行から借り入れた支払いのリスケジュール（支払いを一時的に待ってもらうこと）**
- **社会保険の支払いのリスケジュール**
- **家賃の滞納が数か月**
- **クレジットカードの使用停止**
- **電気が止まること数回**

・たまらず消費者金融から借り入れて食いつなぐ生活

値上げによる売上の激減によって、支払いができなくなり、銀行から借り入れた支払いのリスケジュールという手続きをとりました。いわゆるブラックリスト入りです。社会保険の支払いもリスケジュールしました。

さらには、会社の家賃も数か月間滞納するだけでなく、僕個人もクレジットカードが使えなくなる、電気が止まること数回、そして消費者金融から借り入れて食いつなぐ、という落ちるところまで落ちていったのです。

こうなると、すべてが灰色に見えます。これは、決してたとえではなく、白黒テレビの画面のように風景から色が消えて見えるんです。

精神的にもボロボロでした。お金がない、いや、むしろ大きな借金を抱えて、払うものが払えない状態でい続けることが、どれだけ心の負担になるか。

それは心だけでなく、僕の髪の毛が真っ白になるという変化としても表れました。そうなんです、おじいさんみたいに、ほぼすべての髪の毛が白くなってしまったんです。

△ 値段によってお客さんも変わる

状況は変わらないなか、ある日、税理士さんが電話をくれました。僕は藁《わら》にもすがるような気持ちで「このままの状態がずっと続くんでしょうか？」と質問すると、税理士さんはこう言いました。

「値上げをしてお客さんが入れ替わるまでは、我慢です」

今振り返ると、このひと言があったからこそ、僕はつらい時期を耐えることができたといっても過言ではありません。

税理士さんが言うには、今までのお客さんは安売りの商品が好きだから、僕のお店を気に入ってくれていた人たちだと。だから、値段が高くなると去って行くというのです。

そして、税理士さんは「新しいお客さんがある一定の人数、集まるまでは、売上が戻ることはない」とも。

税理士さんのその言葉を証明するかのごとく、値上げをしてから1年半くらいたったあと、毎月の売上は微々たるものなのですが、ほんの少しずつ注文の件数が増えていったのです。

このわずかながらでも上向いたことは、僕にとっては大きな希望となりました。


ただし、ドラマみたいにこれで手放しで前進したわけではありません。

お客さんが少しずつ増え（入れ替わって）、業績が上向いてきて、数字上では利益が出始めているのがわかっているのですが、注文の数が少ないために、ものすごく漠然とした不安に襲われるんです。

値上げをして売れているので、商品1つあたりの利益は大きくなっています。だから、販売数が減ったとしても、きちんと利益が出ます。これは頭ではわかっています。でも、以前に比べて暇なので、とても不安になるんです。

僕はこれまで「たくさん売れる＝儲かる」と思い込んでいました。忙しくなればなるほど儲かっているという錯覚に陥っていたのです。いや、むしろ、忙しくなることが、儲かる道へとつながっているとさえ。

そんな考えが頭に染みついていたので、「暇＝儲からない＝会社が危ない」というふうに感じていたのが、漠然とした不安の正体です。

販売数は減ったけれど利益は出ている。だから客観的に見ればあせる必要はないのですが、そんなふうに会社の状況が上向いていても、とにかく暇なことが怖かったのです。

この心理的なブロックが外れ、不安が消えて精神的な落ち着きを取り戻すまでには、けっこう時間がかかりました。黒字が何年か継続でき、注文数が少なくても大丈夫だと理解して、ようやく安心できるようになりました。

会社の利益に貢献する商品、しない商品

△「地雷商品」と「棚ぼた商品」

約1年半のつらい日々を耐え忍び、資金繰りの面で苦労していることには変わりませんが、なんとなく売上が戻り、利益らしきものが出始めてきたころのことです。

さらに、しっかりと黒字化するために、僕は第二弾の値上げをしようと考えました。もう失うものはないので、怖いものはありません。それに、税理士さんの「値上げをしてお客さんが入れ替わるまでは、我慢です」という言葉も実感しつつあります。

ただし、あの1年半で味わった苦痛は、もう経験したくありません。だから、今度は一気に全部を値上げすることはせず、少しずつ様子を見ながら行うことに決めました。

まず、税理士さんに僕の会社の数字に関することをいろいろと見てもらった結果、販売している商品の平均的な限界利益率は25％だということがわかりました。

でも、取り扱う商品のなかには、限界利益率が高い商品もあれば、低い商品もあり、それが混在している状態です。

限界利益率の高い商品に注力して販売すると経営は楽になるとのことですが、どの商品に注力すればいいのかがまったくわかりません。

そこで、かなり手間はかかりますが、すべての商品について次の計算式をもとに限界利益率をはじき出してみることにしました。

限界利益額：販売価格－変動費
限界利益率：限界利益額÷販売価格×100

エクセルに、商品名、販売価格、変動費、限界利益額と、それぞれ入力し、限界利益率を出します。ひたすらこの計算を繰り返す。コツコツコツ。バカのひとつ覚えで、商品ごとの限界利益率をとにかく計算し続けました。

延々と取り組んでいると、何かが見えてきました。それは、**どの商品が利益に貢献していて、どの商品がまったく貢献していないか**、ということです。

そして、売れば売るほど赤字を垂れ流すような商品が存在していることがわかったのです。それを僕は**「地雷商品」**と名づけました。踏んでしまうと自爆するくらい儲からない商品だからです。

経営という点から考えると、やっかいなのがこの「地雷商品」で、よく売れる商品のなかに含まれていることが多く、限界利益率が2％とか5％だったりするのです。ただ、このまったく儲からない「地雷商品」は、他店との価格競争に勝てる実力があり、売れ行きも好調なんです。ですが、一向に利益に貢献せずに売れているだけ、という状態になっていることがわかりました。

反対に、思ってもいないような商品が、じつはものすごく限界利益率が高いという逆のパターンもわかりました。ほとんど販促もしない商品なのですが、たまにポツポッと売れて、ものすごく限界利益率が高く、利益にとても貢献してくれるんです。

こういった優秀な商品ばかりが売れてくれれば儲かるのになあと思う商品を、労せずしてよいことが舞い込む「棚からぼた餅」という言葉のイメージそのままに「**棚ぼた商品**」と名づけました。

「棚ぼた商品」の限界利益率はだいたい30～35％程度で、平均の限界利益率を10％以上も上回っていて、売れれば売れるほど利益に貢献してくれます。

△じつは売れ筋の商品が会社の首を絞めていた

２０００近くある商品の限界利益額と限界利益率を出してみて、さらにわかったことがあります。

それは今まで売上ばかりを眺め、売れ筋の「地雷商品」ばかり見ながら経営をしていたことです。その売れ筋の「地雷商品」が売れれば売れるほど儲かるものだと思っていました。

売れ筋の「地雷商品」は、人気者なのでやっぱり愛着があるのですが、どうやらそれは勘違いの始まりだと思い知りました。同時に、「棚ぼた商品」がもっと売れれば、経営が楽になるということも。

「地雷商品」が中心に売れてしまうと、会社には一向に利益が出ない。売れているのに赤字になってしまう、というようなことが起こり、その果てには会社が潰れてしまいます。

ただ、お値打ちな「地雷商品」がなければ、お客さんに対しての価格の訴求力が弱くなるのも事実です。価格的にまったく魅力のないお店になってしまいます。

「地雷商品」と「棚ぼた商品」がちょうどいい具合で売れればいちばんいいのでしょうが、お客さんは賢いです。安いものを見つけたら、ピンポイントでその商品を購入し、別の商品は、また別の最安値のお店で買ってしまうなどしてしまいます。

会社として儲からないのは困りますが、何よりお客さんが来てくれないのは困ります。ただ、背に腹は代えられないので、値上げをしてでも利益を出さなければならないのが僕の会社の現状です。そこで、まず値上げの実験をしてみました。

値上げが、会社の利益に与える影響

△試しに300円値上げをしてみたら

最終的な目標を「儲からない商品は置かないこと」に決めました。早い話が「地雷商品」を店から排除する。

けれども、商品ラインナップの豊富さはお店としても売りにしたいので、商品自体を排除してしまうのではなく、儲からない地雷商品の「値上げ」をしました。

ただ、これには頭をかなり悩ませました。「地雷商品」は集客するための目玉商品である可能性が高いので、他店と比べて競争力のある商品です。この商品の価格競争力が弱くなってしまうと、お店にお客さんが集まらなくなるのが不安になるからです。

でも、まだまだ僕の会社は薄利多売《はくりたばい》の傾向なので、少しでもこの状況を改善していかなくてはいけません。目標は、すべての「地雷商品」の平均の限界利益率が25％以上になることです。

人気商品は怖いので、試しに、目立って売れているわけではないけれど、利益額が少なくて地雷商品の枠に入る3000円の商品を値上げしてみることにしました。

売値3000円を、10％値上げした3300円で様子を見てみます。ただし、もちろん強気の値上げではなく、「これで売れなくなるのであれば、値段はもとに戻そう」と思いながら。

だから、値上げをして1週間経ってもまったく売れないようであれば、値段はもとに戻すという条件つきです。

1日目。反応なし。注文ゼロ。

2日目。同じく注文なし。あの悪夢が蘇《よみがえ》ってきます。いやな予感が頭をよぎります。

3日目。値上げをしていない商品は売れますが、値上げをした商品は、相変わらずまったく売れません。

4日目。値上げをした商品は、今日も売上ゼロ。「これが答えなのか……。もう値段をもとに戻そうかな」と思ったのですが、最初に期間を1週間と決めていたので、もう少しだけ待ってみることにしました。

5日目。値上げをした商品が1つ売れました。単なる偶然かもしれませんが、「値上げをしても売れた」という事実は、「可能性はゼロではないよ」と僕に語ってくれているような気がしました。

6日目。また、値上げをした商品が売れたのです。今度は1日に2個。もともと、それほど売れている商品ではなかったので、「もしかして、値上げをしても売れ行きはそれほど大きくは変わらないのかな？」という思いも頭をもたげます。

7日目。また売れました。今度は4個。1週間の合計で売れた数は、値上げをする前とそれほど変わりません。

この結果、値上げに対するイメージが変わりました。

「値上げなんかしたら、誰も買ってくれないんじゃないか」というものから、「値上げをしても、ほしい人は買ってくれるのではないか」と考えるようになりました。

△「値上げ」の偉大な力

3000円の商品を10%値上げをして3300円で販売したところ、販売数はほとんど変わらずに売れるわけです。仮にすべての商品がその限界利益率になれば、これはとんでもない業績改善です。

この、もともと3000円だった商品は、1つ販売するごとに450円の限界利益です。それを300円値上げしたら、1つ販売するごとに750円の限界利益が出ました。

限界利益率でいえば、15%から22・7%に上昇したのです。わずか7・7%の改善なのですが、年間の利益額だとかなりの大きな改善となります。

「捕らぬ狸《たぬき》の皮算用」ではないですが、全商品が７％の限界利益率の改善をしたならば、どの程度のインパクトがあるのか、自分なりにシミュレーションしてみることにしました。

僕の会社の平均の限界利益率は25％です。なんとそれが32％になります。

仮に年商５０００万円とします。その場合、今までの限界利益は、５０００万円×25％＝１２５０万円です。

平均の限界利益率が32％になったら、５０００万円×32％＝１６００万円と、年間３５０万円もの改善につながります。これは赤字の会社が黒字になる、まさにＶ字回復すら可能な数字です。

何より10％の値上げが、ここまで大きく利益を押し上げてくれることに気づいた僕は、値上げの偉大な力を実感しました。

値上げするかどうかの適切な判断

△「リピーター」の多い商品も、値上げをすべきか？

そこで次に、限界利益率の低い「地雷商品」をあらためてピックアップしていったところ、その数は800近くありました。

その商品1つひとつに対して、値上げのシミュレーションをして、販売価格を眺め、値段をつけ直し、限界利益率を計算していきます。

まず、販売価格の妥当性を無視して、「地雷商品」の希望の限界利益率を32％に設定しました。これは、一部商品の限界利益率を32％まで値上げして平均の限界利益率を29％以上にしたかった、というあくまで数字上の都合を優先させただけです。

次に、商品1つひとつの販売価格の妥当性をチェックしていきました。

しかし、妥当性があるのかないのかを判断するのはとても難しい作業でした。というのも、僕はこれまで販売していた価格自体が、妥当性があると思って値づけをしていたわけではなく、あくまで競合他社と比べて値づけをしていただけだからです。だから、妥当性というのは、結局僕にはわからないというのが結論ですが。

ただ、この作業にまったく意味がなかったわけではなく、僕なりの妥当性として、「今までの価格で商品を販売し続けても儲からない。儲からないならば、今までの価格設定は妥当ではない」という判断につながったからです。

それよりも僕が気にしたのが、限界利益率を32％に引き上げた際の数字の「見た目の印象」でした。「見た目の印象」というのは、わかりやすい数字、ちょっと安いと感じる数字というような意味合いです。

たとえば、限界利益率を32％にした価格が１７６９円だったら、キリのよい１８００円にしてみたり、または１９８０円にしてみたり、なかにはいっそ２０００円ちょうどにするのもありかと、そのような数字の見た目を整える作業をしていきました。

値づけの専門家がいたとしたら、暴挙としかいえないかもしれませんが、「どうせ今までの価格で儲けることができないのであれば、思いきって変えてしまおう」と、よくも悪くも腹をくくったからできたのかもしれません。

大胆な価格の変更をしながらも、1つだけ気になることがありました。それは、リピーターが多い商品の価格です。値上げをしていいものなのかどうか、かなり悩みました。

リピーターが多い商品を、中身を変えずに値上げだけした場合には、間違いなく売れなくなるだろう、という想像は僕でも容易にできます。

そこで、値上げをするかしないかを判断する3つの条件を作ったのです。

① 限界利益率が20％以下である商品

② その商品が1つも売れなくなっても困らない

③ 会社のイメージを左右しない商品

この3つにあてはまるものは値上げの対象にしました。反対に2つあてはまるが1つはあてはまらない、たとえば、限界利益率は20％以下だけれど、会社のイメージに関わる商品の場合には、値上げをしないという判断です。

△　値上げをして生まれた、良心の呵責

そして、800近くある「地雷商品」の価格を決め、一気に値上げをしました。

その結果、販売数が10％ほど下がりましたが、売上はさほど変わらず、利益が3倍以上に増え、経営状況は一気に回復傾向へ向かいました。


ただ、値上げをしたことで経営状況は上向いたものの、手放しで喜べないことがありました。こっそり値上げをして売れ続ければ、それがいちばんいいのかもしれません。ただ、良心の呵責《かしゃく》というか、何かしっくりこないんです。

また、価格競争も激しいご時世ですから、ただ価格だけを上げるのでは、お客さんは間違いなく離れていってしまいます。

そこで、よそよりも高い値段の僕のお店で「買ってよかった」と思ってもらうには、どうすればいいかを考えました。値上げをするぶん、お客さんに何か付加価値をもたらせるように工夫をしなければと。

基本的に値上げをしていますから、手に入る利益額が増えていきます。だから、その利益をお客さんのために使うことにしました。

花を販売していて、「花の育て方がわからない」という声をしばしばいただくことがあります。だから、その部分を解消するために、懇切丁寧な育て方の説明書を、商品ごとに作り込み、花と一緒にお客さんにお渡ししたんです。

説明書を作るのは、決して楽な作業ではありません。いろいろな本で調べたり、ときに生産者の方にアドバイスをいただいたりして、自ら育ててもみました。

すると、価格はよそのお店よりも高い商品もありますが、少しずつ「あなたのお店で買ってよかった」と言われるようになったのです。

第４章を読み終えた読者へ

顧客の声によく耳を傾けること。その大切さは誰もが理解しています。
しかし、世界で初めて自動車の量産に成功したヘンリー・フォードは言いました。
「顧客の声に耳を傾けていたら、速く走る馬車しか作れなかっただろう」

「値上げ」という人生初の未体験ゾーンに突入した彼は、その方法を「顧客の困りごとの解決」に求めました。正直な彼は、顧客に「困りごとはありませんか？」とメールを送ったのです。すると返ってきたのは「金額が高い」という回答。もしも、ヘンリー・フォードがこれを聞いたら、あきれて絶句したことでしょう。

しかし、そんな彼を笑うことはできません。小さな会社も、大きな会社も、みんなそろって「金額が高い」という声に耳を傾け、値下げしているのですから。

デフレ傾向の強い経済環境において、高価格なプライシングは「黙っていては」手

に入りません。「いつか高価格になるといいな」と願っているだけでは、ライバルに引きずられて値下げ地獄にハマってしまうだけです。高価格を実現している商売人は、あらかじめ「高価格にする！」と決めています。

この点、彼は全商品の限界利益率を見ながら、「地雷商品」と「棚ぼた商品」を分けることから始め、そのうえでそれぞれのプライシングを考えていきます。

このプロセスは本章に書かれている通りですが、ここで読者のみなさんにあらためて注目していただきたいポイントがあります。それは、彼が意識する限界利益率が、だんだん細かい数字になってきたことです。15％、22％、25％、29％、32％、そんな数字が本章にはたくさん登場しています。

彼はシミュレーションに慣れるうち、スゴ腕の税理士さんが言っていた「1％の重要性」を実感したことでしょう。販売単価が1％変わるだけで、どれだけ利益が変わるのか。多くの経営者が理解していない、この事実をとうとう理解したのです。

幾多の困難を乗り越えて一皮むけ、やっと金に余裕ができました。金に余裕ができると、思考と精神にも自由が生まれます。さてこの先、再び調子に乗ってレクサスを買うのか、それとも……。

第5章
「数字」が読めると本当に儲かりました

～My Evolution～

なぜ、会社にお金が残らないのか？（資金繰り）

△「資金繰り表」をつけてみる

限界利益の考え方をもとに経営していった結果、僕の会社の業績も徐々に回復しつつあります。

そのころ、「そろそろ会社のお金の流れについて、自分の目で見て確認しておいたほうがよさそうだな」と思うようになってきました。

それまでは、とにかく利益を上げていくことに必死だったのですが、ようやく「お金の流れ」にも目がいき始めたのです。

正直にいえば、スゴ腕の税理士さんが教えてくれた大事なことをノートにメモをしており、書いてあったのが「資金繰り表をつける」ということだったのですが。

「資金繰り表」とは、手持ちのお金を把握する表です。これは税理士さんの受け売りですが、平たくいえば「お小遣い帳」みたいなものです。これをきちんとつけることで、資金繰りが健全になるというのです。

たとえば、月末になって「なぜかお金が足りない！」という状態はこれまでもよくありました。

しかし、**資金繰り表をつけていると「どの支払いにいくら必要なのか？」「もし足りなくなるとするならば、それはいつなのか？」ということが事前に把握できるようになります**。

ほかにも、税理士さんは「１年を通した資金繰りがわかると、現在の会社の状況は黒字でも、繁忙期が過ぎて仮に赤字の状態が続いた場合、会社の体力があるのかどうかも確認できる」と言っていたことも思い出しました。

税理士さんが教えてくれた資金繰り表は、とてもシンプルでした。入金欄と出金欄、そして差し引きの残高の欄。この３つに数字を入れていくだけです。早い話が銀行の通帳と同じ作りです。残高20万円の口座から５万円を引き出せば残高が15万円に減り、そこに10万円を入金すれば残高が25万円に増えるといった具合です。

△ 先のことはわからないから「予測資金繰り表」を作る

ただ、実際に資金繰り表を作成するために、今月の出金（支払いのぶん）を計算していると、とても大変な作業になることがわかりました。

実際の請求書や納品書から請求される金額を足していき、1円単位から正確にしていこうとすると、とてつもない労力になるのです。なぜなら、請求書は月末で締めら

	入金	出金	残高
3月1日			20万円
3月2日		5万円	15万円
3月3日	10万円		25万円
3月4日			

れて、翌月に発行されることが多く、入力したくてもリアルタイムでの入力が不可能だからです。

請求書を待っていると、いつまで経ってもこの作業が終わらないのです。1か月ぶんの資金繰り表を作るのに、ヘタをすると1か月という時間が必要になってしまいます。

売上に関しても同じです。事実ベースの売上だけを入力していっても、先々の売上の入金ぶんが見えてきません。さらに、請求書がなかなかこない仕入先などの場合、請求書がきてから資金繰り表に追加していると、まったく先が見通せないのです。

これでは早い話、暗い道でライトなしに車を走らせているようなもの。まったく周りが見えないだけでなく、その先に何があるのかもわからないのです。

1か月の資金繰り表でさえこうなので、1年の資金繰りは一向に見えてきません。

そのため、ちょっと違った角度から、もっと大雑把に俯瞰《ふかん》できるような資金繰り表を自分なりに作ってみることにしました。それは、すべてを予測の値で入力していく、「予測資金繰り表」です。

「予測資金繰り表」を作るためには、次の4つの数字が必要になります。

① 現在の残高（残高）

② 毎月の売上入金予測（入金）

③ 毎月の仕入予測（出金）

④ 毎月の販売費及び一般管理費の予測（出金）

そして、ルールを1つ決めました。それは、概算でもかまわないので、とにかく表を1年間ぶん埋めること。埋めないかぎり何も見えてきません。それに、埋めたあとに修正を行えば、より正確な資金繰り表が、のちのち完成するだろうと思いました。

なぜなら、その月だけではなく、半年後に資金がショートしてしまう（足りなくな

予測資金繰り表の例

	売上入金予測	仕入予測	販管費予測	残高
前期末残				90万円
1月	100万円	65万円	100万円	25万円
2月	100万円	75万円	100万円	▲50万円
3月	250万円	95万円	100万円	5万円
4月	300万円	180万円	100万円	25万円
5月	400万円	150万円	100万円	175万円
6月	300万円	100万円	100万円	275万円
7月	100万円	75万円	100万円	200万円
8月	100万円	75万円	100万円	125万円
9月	150万円	100万円	100万円	75万円
10月	200万円	125万円	100万円	50万円
11月	250万円	150万円	100万円	50万円
12月	300万円	50万円	100万円	200万円

る）場合、計画的に銀行から借り入れるなり、業績回復のために死に物狂いで利益を確保していく計画を立てるなり、なんらかの手を打たなければならないからです。だから、「予測資金繰り表」というのは、自分にとっては納得感の高いものです。

それに、ざっくりとでも年間でどこに何が待っているのかを把握できれば、いきなり月末になって「あっ！　お金が足りない！」とあわてなくて済みます。

とにかく僕の場合には、月末にお金が足りなくてドキドキした経験が何度もあったので、そうした状態から早く解放されたい気持ちが強く、そのおかげで予測資金繰り表というのを考えられたのかもしれません。

△ 年間で起こるトラブルも予想できるようになる

ちなみに、この「予測資金繰り表」を作ったことで、1年のうち2月に資金がショートしやすいことがわかりました。

年間の決算では黒字なのですが、毎年この月は入金のタイミングや季節の売上の増減があるため、入金にムラが出てしまうんですね。そのため、資金が底をつきやすいことが明確になったんです。

そして、銀行へこの「予測資金繰り表」を持って、相談に行きました。結果、この「予測資金繰り表」のおかげで、早い段階でつなぎ資金の融資をしていただき、事なきを得ました。

会社は赤字でも倒産しませんが、資金がなくなると倒産してしまいます。それに、「黒字倒産」という言葉があるくらいですから、いくら黒字でも資金繰りがいいかげんだと、すぐに倒産してしまうと気づかされました（ああ、よかった）。

やっぱり広告を出せば、もっと儲かるんだろうか？（費用対効果）

△ 広告を出すかどうかは費用対効果を計算してから

僕の会社の経営状況は順調に回復してきて、資金的にほんの少しだけゆとりが出てきました。さらに売上と利益を伸ばすために、ウェブ広告を掲載してみようと思いました。

ただ、以前みたいに数字の計算をせずにじゃぶじゃぶと広告費を使ってしまっては、同じ過ちを繰り返してしまいます。過去の僕と違ったのは、広告を出して、いくらたくさんの方に買っていただいても赤字ではどうしようもないので、広告を出したときのシミュレーションをするようになったことです。

用意した広告の予算は10万円。販売する「棚ぼた商品」の価格は３０００円で、限界利益額は1000円。予算と商品を使って、さらに利益を増やしていく計画です。

広告の予算：10万円
商品の販売価格：3000円
商品の限界利益額：1000円

昔の僕だったら、数字のことを考えたとしても、せいぜい「10万円の予算で広告を出すのであれば、売上が10万円以上になったらペイできるんじゃない？」という程度に思い込んでいました。しかし、今はそれが間違っているとわかります。

広告費に対して、限界利益額が上回れば黒字、下回れば赤字。ということは、次のような状態になることが大前提となります。そして、これで広告を出す費用対効果もわかります。

広告費＜限界利益額

そのためには、広告に掲載した商品1点あたりの限界利益額の合計を出して、広告費と同額になる必要な商品の販売数を割り出します。

公式にすると、次のようになります。

広告費÷限界利益額＝必要な商品の販売数

さらに、必要な商品の販売数に販売価格をかければ、自ずと必要な売上も出てきます。

必要な商品の販売数×商品の販売価格＝必要な売上

この2つを実際に計算してみると……。

広告費10万円÷限界利益額1000円＝必要な商品の販売数100個

えっ、100個!? こんなに売らないと、広告費を回収できないのか……。果たして10万円の広告費で、3000円の商品が100個も売れるのでしょうか?

△ それでも広告を出す意味はあるか？

さらに、10万円の広告費に必要な売上を計算してみます。

> **必要な商品の販売数100個×商品の販売価格3000円**
> **＝必要な売上30万円**

10万円の広告費を回収するには、売上が30万円必要だというのが答えです。これにはちょっと悩みました。実際に広告を出す前のシミュレーションで立ち止まれて、よかったです。

一方で、これは昔の僕も考えていたのですが、たとえば、広告を出したことによって100人の新しいお客さんと出会えるとすれば、利益だけでは測れない価値がそこに眠っている可能性も否定できません。

でも、3000円の商品を100個、売上で30万円、たとえここまで実現しても利益はゼロなんです。

で、結局は広告の予算10万円を使うのはやめることにしました。10万円の広告費に対して30万円も売れる気がしなかったので。広告費をかけて99個売っても赤字です。広告費をかけずに1個売れたほうがよっぽど利益が出るんですから。

こうやって、事前に計算しておくことで、どれだけ売れると広告を出して儲かるのかがわかるというのは、見切り発車の多い僕にとっては大きな学びになりました。

やっぱり忙しくなったら、人を増やしたほうがいいですか？

△「人を雇う」前に確認すべき３つのこと

会社が順調に回っていくと、今いる人数では少し仕事量がキャパオーバーとなってきました。実際に、それぞれのスタッフにもミスが目立ち始め、お客さんからお叱りを受けることも多くなってきたのです。

何より、これから会社の規模を拡大していきたいと思っていたので、ここはひとつ、人の力を借りて、会社の売上や利益を大きくしていこうと。

ただ、闇雲にどんどん人を雇ってしまうと、昔の僕のように、人件費を払うだけでもアップアップの状態になってしまいます。

人件費は、僕の会社のような中小企業でも年間数百万円単位の金額が動く、大きな費用の1つです。

過去の失敗を踏まえて、人を雇うべきなのかどうかを決める前に確認したほうがいい条件を次の3つにまとめました。

① 業務を効率化して今の人数でできないだろうか？

② 雇わずに外注することはできないだろうか？

③ 雇った場合、給与を支払っても資金繰りは大丈夫か？

会計の考え方を学んでわかったのは、今よりもスタッフの人数を増やすと、財務体質をよくすることにはつながりにくい、ということです。

仮に利益が大きく下がっても黒字が継続できるような、潤沢《じゅんたく》な資金のある会社は別ですが、ギリギリの資金で経営している僕のような会社は、気軽に人を雇った場合、最悪すぐに赤字に転落することも考えられます。

実際に過去の僕は、スタッフの給料を増やしてあげられないにもかかわらず、新しいスタッフを雇い、資金繰りに苦労しました。その結果たどり着いた答えは、僕の会社のような中小企業にとって重要なのは「少数精鋭型の組織」ということです。

そして、**「少数精鋭型」とは言い換えれば、「経費が少なく利益を残す組織」です。**

そんな組織を作るために、自然と思いついたのがこの3つの項目です。

△ その1 業務を効率化して今の人数でできないだろうか？

「人を雇いたい」と感じる瞬間は大きく分けて2つあります。1つは、業務が忙しいので、もっと人手がほしいとき。もう1つは、今よりも売上を上げて規模を拡大したいときです。

そんなときにチェックしたほうがいい指標についても、スゴ腕の税理士さんが話してくれたのを思い出しました。それは、社長を含めた従業員1人あたりの限界利益がいくらなのかというものです。公式はとても簡単です。

従業員1人あたりの限界利益：年間の限界利益÷社長を含めた全従業員数

※アルバイトやパートの場合には0・5人とカウント

ここから出てくる数字の平均的な目安は、中小企業の場合には1000万円、上場企業の場合には1500万円だそうです。

以前に僕が無計画に人を雇っていたとき、たしかに従業員1人あたりの限界利益は1000万円を大きく切っており、とてもやり繰りが大変だったのもこの数字が証明してくれています。

今は、まず「どうにか現在いるスタッフの人数でこなせないだろうか」という視点で考え抜いた結果、業務を減らしたり、統合したりするなどが意外とできてしまうことにも気づきました。

業務の流れや仕組みを見直したり、もっと簡素化できる部分はないだろうかとスタッフにヒアリングしてみると、やらなくてもいい業務や、無駄だった業務が見えてきます。

無駄な業務をやめることで、そのぶんの人件費が浮くのはもちろん、空いた時間を使って、もっとやるべき仕事の時間に割りあてられ、より利益が出る方向につながっていきました。会社の利益を高めるためにも、効率化は、人を雇う前に、ぜひやったほうがいいです。

僕の会社のような中小企業で正社員を雇おうとすると、給与や賞与、社会保険もろもろで、新人でさえ年間３００万円はかかります。仕事をきちんと覚えて、利益を出せるようになるまでには最低でも1年はかかります。

その３００万円を予算として、業務の仕組み化や効率化に使おうとコンサルタントを雇ったとしても、１００万円ほどで済んでしまうことも少なくありません。

△ その2　人を雇わずに外注することはできないだろうか？

いくら「人を雇わずに効率化できないか」と考えても、それでは解決しない問題もあります。たとえば、イベントや新商品を考えたりする、格好よくいえば「クリエイティブな仕事」は効率化できない仕事の１つです。僕の会社の場合、そのほとんどを社長である僕がやっています。

そこで考えたのは、僕自身がやっている仕事のうち、「クリエイティブな作業の時間を確保するために、社外の人にやってもらえることはないだろうか」ということです。たとえば、入力や封入などの単純作業がそうです。また、自分で思うようにできない仕事や、自社にその仕事が得意な人がいない場合も外注することにしました。

ほかにも、会社のホームページや販促チラシなどは、パソコンのデザインのソフトの知識がない僕がうんうんとうなりながら考えて作るよりも、いい外注先を見つけたほうが、速いうえにクオリティが高くなります。

そうして、肝心な部分や外注できない部分に関しては、自分たちでやることにし、そのほかの単純な作業や、自分たちにとっては複雑過ぎる作業に関しては外注することにしました。

△ その3　雇った場合、給与を支払っても資金繰りは大丈夫か？

過去の苦い経験から、どうしても人を雇う方向で考える場合には、しっかりと試算をすることが大切だと痛感しました。

実際に、以前、スタッフの給与を支払うために、銀行から借り入れた経験や、自分の給与を出さずに我慢して人件費に補てんしたこともあります。

このことも数字で考えると、よくわかります。

たとえば、年間の黒字額が500万円あったとします。正社員を1人雇えば人件費は300万円。パートさんであれば130万円ほどです。交通費や福利厚生費などを含めると最低これくらいにはなってきます。

そして、単純な計算として、年間500万円の黒字額から正社員の給与を支払うと、年間の黒字額は200万円に減ってしまいます。さらに現実的なことをいえば、1年目から業績を上げてくれるような正社員は300万円で雇えることは少ないです。

決算書上は黒字だとしても、資金繰りとして人を雇っても大丈夫なのかチェックしないと、痛い目に遭います。

だから僕は、人を雇った場合、年間にどれくらいかかるのか、どこかの月で資金が足りなくならないか、雇ったけれど思ったより業績が上がらない場合はどうか、雇って業績が下がった場合はどうかなどを、シミュレーションしました。

さらに、会社にしっかりと蓄えがある場合には、雇った人が利益に貢献しなかったと仮定して、何年間大丈夫なのかなども見ておくとさらに安心だとわかりました。

そうやってシミュレーションして、仮にどこかで資金がショートする可能性がある場合には、当たり前ですが、雇うべきではないと僕は思っています。何より給与の支払いが滞ってしまうようでは、雇った人にも迷惑をかけてしまいます。

人は会社にとってエンジンのような役割ですが、そのためのガソリン（お金）がないと回りません。

雇った人は、最初はガソリンを食うばかりかもしれませんが、成長すると、ガソリンとなる会社のお金を生み出せるように育ってくれます。しかし、そうなるまでは燃費が悪い状態なので、その間を過ごせるのかどうかを判断すべきです。

これらの「人を雇う前に確認すべき3つのこと」をチェックしたうえで「人を雇える」と判断できた場合は、安心して人を雇え、健全な利益を出しながら会社を運営していくことが可能だとわかります。

でも、今のところ、この条件で人を雇うという判断にいたったケースはほとんどありません。

計画は「ほしい利益」から立てる

△ 計画は「売上」ではなく、「ほしい利益」をもとに立てる

「会社の計画をどう立てたらいいのか？」というのは、僕が赤字で苦しんでいたときに、なんとなく疑問に思っていたことの1つです。

会計については少しずつわかってきたけれども、その点は相変わらず悩みのタネでした。たまたまなのですが、毎年ずっと利益を伸ばし続けている社長さんとお話しする機会がありました。

ここでは、そのときに教えてもらった「利益計画」の話をしたいと思います。

それまでの僕は、「ほしい売上」をもとに計画を作り、最終的に残ったお金が利益

になると思っていました。

しかし、その社長さんは「それは違う」と言います。「利益は狙って出していくもの。だからこそ、『利益計画』を立てるべきだ」と言うのです。そして、「『ほしい利益額』を決めて、逆算していったときに出てくるものが売上だ。その計画の立て方を覚えると、世界がガラリと変わるよ」とも。

僕はその話を聞いて「そもそも計画って大切ですか？」と、今思えば会話がまったくかみ合わない質問をしてしまいました。

すると、その社長さんは「月間の売上目標を立てると、売上を目指してがんばるでしょ？　だから、売上目標は達成できるようになる。でも、売上があっても、利益が出てないなんてことなかった？　売上ありきだから、利益がついてこないんだよ。『利益計画』を立てると、利益を目標とするから、自ずと利益が残るよ」と、まさに僕の過去の失敗の核心を突くことを丁寧に教えてくれました。

「計画によって、そんなに出てくる結果が変わるのであれば、ぜひそのやり方を教えください」とその社長さんにお願いして、教えてもらったのが次の方法です。

①　月間の「ほしい利益額」を決める
②　月間の「固定費」を決める
③　月間の「平均の限界利益率」を決める
④　公式にあてはめる
⑤　最終的に、「必要な売上」が算出できる

公式は、次のようになります。

（ほしい利益額＋月間固定費）÷平均限界利益率＝利益達成に必要な売上

仮に、「月間のほしい利益額」が１００万円、「月間の固定費」が１００万円、「月間の平均限界利益率」が30％だとします。それをもとに実際に計算をしてみましょう。

ほしい利益額：１００万円
月間固定費：１００万円
平均限界利益率：30％
利益達成に必要な売上：６６６万６６６６・７円（小数点第2位を四捨五入）

以前の僕は、売上を上げて、結果的に残ったのが利益という感覚でやっていたけれど（結果的に残らなかったのですが）、こうやって計算すると、どれくらい売上を達成すれば利益が出るかが一目瞭然です。

△ もっと利益がほしかったら、もっと計算する

さらに、その社長さんは「もう少し利益がほしいなと思ったら、すかさず再度計算をしてみるといい」とも言っていました。

そこで今度は、ほしい利益額を少し欲張って200万円にして計算すると……。

ほしい利益額：200万円
月間固定費：100万円
平均限界利益率：30%
利益達成に必要な売上：1000万円

なんと利益を2倍にしたい場合には、売上は2倍にしなくても大丈夫だという結果が出てきます。費用（固定費）を増やさずに、限界利益率を下げずに（値引きしない）販売をしていくという条件ですが、利益を増やしていくことはそれほど難しいことではないと感じました。

さらに、「ほしい利益」から計画を立てることによって、自分自身に変化が起きました。それは、今までの売上ありきの視点とは違って、次の3つを意識するようになったことです。

① 新商品を投入する際に、限界利益を気にしながら値づけをする
② 販売促進する商品の限界利益率を気にする
③ 経費を使う際、予算を気にする

数字に詳しい人ならば、けっこう当たり前のことかもしれませんが、僕にとっては大発見です。

以前の僕は、求めるものが売上だけだったので、これら3つのことはあまり気にせず、売上を上げるためにあらゆる手段を使っていました。しかし、「利益」を意識してからというもの、販促活動でも利益率を高めるために、セールなどの値引き以外の方法として、たとえば新商品の発表会、限定品の特別先行販売会など、今までと違った視点でお客さんにお知らせをする方法に取り組むように変わったのです。

これらの方法は、すでにいろいろな企業で実施されていますが、僕の場合は利益から考えた結果なので、会計の視点で発想することのすごさに驚いています。

計画が順調かどうかは、どう確認すればいい？

△　毎日の利益をチェックする方法

「ほしい利益」をもとに計画を立てたあと、しばらくして「実際に計画通りになっているかどうか？」が気になり始めました。

「日々の売上に対して、利益はどれくらい出ているのか？」

「今日現在の段階で黒字なのか？」

「今月は赤字なのか、黒字なのか？」

「赤字だとすれば、いくら売り上げれば黒字になるのか？」

などなど、気になることは尽きません。

税理士さんにお願いして作成してもらう決算書は年に一度のものです。細かくやっている税理士事務所でも月に一度が一般的と聞きます。ですから、現在の財務状況を把握するのは、どこの会社も自前でやらなければなりません。

だからこそ、大きな会社には経理部があって毎日数字とにらめっこをしている人たちがいるのかと、妙に納得してしまいました。

僕の会社では税理士さんに月次決算をお願いするようになりましたが、その書類が僕の手もとに届くまでには、月末で締めても、その翌月末ごろです。

その1か月のタイムラグが僕にとって、居心地のよくない期間になりつつありました。「今のやり方で正しいのかどうか?」「利益は出ているのかどうか?」など、わからない状態でびくびくしながら過ごしていたからです。

その期間をたとえていうならば、目隠しで車を運転しているような恐怖感がずっと続いているような感じです。

しかし、ただ怖がって結果を待つばかりでは、いてもたってもいられないので、何かできないかと考えました。

まず、過去の僕がチェックしていたのは「売上」です。これを続けた結果、失敗したわけです。

指標とすべきなのは売上ではなく「利益」。「利益」を、毎日「見える化」できたら、安心して経営できるのではないか。では、どうやったら毎日の利益がチェックできるだろうかと考えたところ、「利益計画に対して、現状どうなのか？」がわかれば、あせる必要もないことに気づきました。

「利益」が出ているかどうかのボーダーラインが、税理士さんが教えてくれた「損益分岐点」です。そこで、毎日の限界利益を積み上げていって、その月の固定費を引いたところの黒字と赤字の境界線をチェックしたのです。

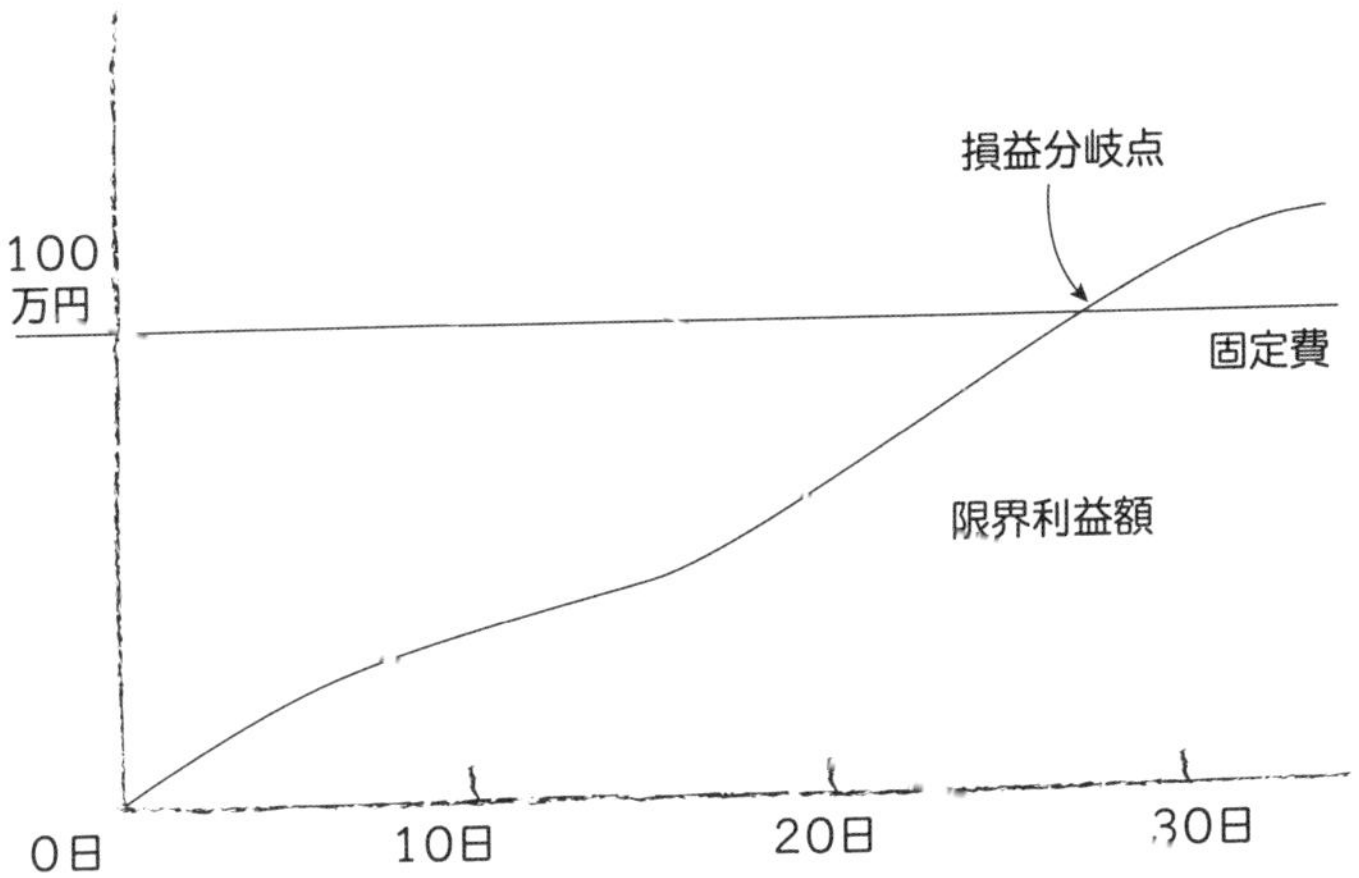

年ごとなのか、月ごとなのか、日ごとなのかの単位の違いだけで、公式はほぼ同じということもわかったので、税理士さんに教えてもらった損益分岐点の出し方を、自分なりに応用してみました。

まず、利益をチェックするために必要な数字はたったの3つです。

① 今日までの売上合計

② 平均の限界利益率

③ 今月の固定費（予測額）

この①と②を使って「今日までの限界利益額」を算出することで、毎日の利益が「見える化」できます。

今日までの限界利益額の計算：

今日までの売上合計×平均の限界利益率＝今日までの限界利益額

ただし、計算したところで売上は変わりません。でも、「利益計画を達成しているのかどうか」「達成していなければ、どれだけ足りないのか、どれくらいやれば達成できるのか」がわかると、自然と次に打つ手が見えてきます。

さらに、この毎日の限界利益額を合計して、月間の累計を見ていきました。

一度、習慣化すると利益計画のチェックも毎日するようになりました。しかし、そんな余裕がないとか、週に一度ならなんとかできそうだという人もいるかもしれません。その場合には、次のようにまとめて計算して、「現在の状態」が一目瞭然になるやり方もあります。

現在の利益の状態：
（今日までの売上合計×平均限界利益率）－（今月の固定費＋目標利益

※予測値）＝今日までの利益目標の達成度合い

人間の身体も同じですが、やっぱり今の自分の健康状態をチェックするに越したことはありません。ずっと検診に行っていなかった人が、自覚症状が出たときには遅かった……なんてことを聞くと、なおさらです。

この重要性に気づき、僕の会社では、現在、専用の計算ソフトを作り、毎日の利益を算出しているほどです。手作業で計算するのが大変なので、その結果、自動化するためのソフトを自分で作ってしまったというのが正直なところですが。

暗闇のなかでライトもつけずに車（会社）を運転（経営）していれば、思わぬ事故に遭うのも当前です。それが過去の僕です。しかし、車のライトをつけて、今どこを走っているかという現在地がわかって運転できれば、目的地に確実に近づけます。

利益を出すために、できること

△ 利益を出すための４つの方法

利益も確実に出せて、黒字が続くようになり、ふと「なぜ、利益を出せるようになったのか？」を振り返ってみました。もちろん、もう売上だけを上げていっても利益が出るわけではないことは、十分にわかっています。

では、どうすれば利益が増えるのか？　僕が肌感覚でわかったのは、ざっくりと説明するならば、「月間の固定費の金額よりも、月間の限界利益が多くなっている状態（固定費＜限界利益）であれば、利益が出ている」ということです。

このことをもう少し細分化して説明するならば、利益を出すには次の４つの方法が考えられます。

①　今よりも価格を下げて、販売数を圧倒的に増やす
②　今と同じ価格で、販売数を増やす
③　今よりも価格を上げて、販売数はそのまま、または減らす
④　今よりも原価を下げて、販売数はそのまま、または減らす

僕が大失敗したのが①の方法です。

スゴ腕の税理士さんにも指摘されましたが、10％値引きした場合は、10％多く売ればいいわけではありません。販売数を圧倒的に伸ばさなくてはいけない、というのは先述した通りです。

単純な値引き戦略（セール）は、じつは多くのお店でやっています。しかし、これは圧倒的に販売数が伸びていってくれないと成立しないのです。

このことについて、自分なりにもう少し深く掘り下げてみたところ、**販売数を伸ばすための費用がふくらみやすいのがデメリット**だとわかりました。だから、値引きをしても利益を出すには、限界利益の高い商品でないと難しいことを実感したのです。

販売数は、増やしたくても簡単に増えません。さらに、たとえ販売数が増えたとしても、増えたぶんだけ費用がかかりますし、売れたぶんだけ仕事量も増えます。ですから、人件費も比例して増えてしまうというデメリットも含んでいることが、シミューレーションと実体験の両面からわかりました。

実際に、どんどん商品が売れて、売上も比例して増えてきたときに、人手が足りなくなってどんどん人を雇ったことがあります。そのときは雇うと人件費がどんどんふくらみ、出るはずの利益が人件費に食われていってしまいました。けれども外側から見ると、とても忙しそうで、仕入れる商品数や取引金額も増えていくので儲かっているように見えます。しかし、お財布事情は火の車。

さらに現実をいうと、従業員は忙しくて疲れ果て、離職率も非常に高かったです。売上が上がれば上がるほど、仕事も増えていくので、スタッフがイヤな顔をするんです。会社の雰囲気もとても悪かったし、僕自身も先が見えない山積みの仕事を見て、ため息しか出ないような状態でした。

僕のような考えが浅い人間にとって①は難しい方法の1つだと、今ならわかります。

では、②～④のなかで、どんなふうに限界利益を高めていくか、説明していきます。

△黒字になりやすい利益の出し方、なりにくい利益の出し方

スゴ腕の税理士さんに出会う前に取り組んだ、もう1つの方法が②の「今と同じ価格で、販売数を増やす」でした。とにかく売上が少なかったため、がむしゃらに販売数を伸ばしていきました。小さな注文も喜んでお受けして、ほとんど休みも取らずにせっせと販売数を伸ばすための努力をしたのです。

でも、当時の僕の会社の赤字の状態は変わりませんでした。単純に限界利益率を変えずに販売数を伸ばすと、利益も増えます。

では、なぜ赤字なのかというと、商品の限界利益率があまりに低かったため、効率が悪かったんです。ひと言でいうならば、薄利多売です。

もしも、限界利益率の高い価格設定になっていれば、この方法で黒字転換が可能だと思います。計算式は次のようになります。

販売数アップによって増えた限界利益額の算出方法：
増えた販売数×限界利益額

ちなみに、さきほどお話しした「人を雇っても大丈夫かどうかの判断」をする際に、次の状態になっているかどうかがポイントだとも気づきました。

ただ、今いるスタッフの人数では対応しきれなくなったとき、黒字額は天井となり、それ以上、利益を増やすためには業務を効率化したり、外注したり、人を雇ったりするなど、何かしら改善しなくてはなりません。

増えた限界利益＞新たに雇う人の人件費

昔の僕の会社の損益分岐点を割り出してみると、まず、利益を出すための販売数はちょっとやそっとで達成できそうもない数字でした。

それをクリアするためには不眠不休でやるしかありません。実際、そうするしかなかったのですが、これは今思うと、いわゆる「ブラック企業」になる始まりのようなものので離職率も上がってしまいます。それだけでなく、これは実体験として、経営者である自分自身も疲弊しました。

では、次の項目で、③と④の方法について見ていきます。

できるだけ高く売るか、できるだけ安く仕入れるか？

△ 販売数が増えないなか、利益を増やすには？

販売数を増やしにくい場合に、残りは次の③か④の方法が考えられます。

③ 今よりも価格を上げて、販売数はそのまま、または減らす
④ 今よりも原価を下げて、販売数はそのまま、または減らす

まず、③の方法は簡単にいえば、「値上げしましょう」ということです。僕が利益を出すべく取り組んだのがこの方法です。その理由は、計算上、利益が一気に増える可能性がいちばん高いからです。

ただし、先述したように、日用品やすでに多くのお客さんにリピート購入してもらっている商品を値上げすると、販売数が減ってしまう可能性が高くなります。したがって、値上げに踏み切れない商品が多数あるのも事実です。

だから、新しい商品を販売する際に、いつもより少し高めの価格設定で販売をスタートさせるのも1つの方法です。

この値上げ戦略は、単純に限界利益率が高くなるので、同じ数量を販売した場合でも限界利益は増えていきます。販売数を増やさなくていい方法なので、仕事量が変わらないため、固定費は増えません。そして、**いつもと同じ仕事量なのに利益が高まっていくのです。**

もちろん値上げをしても売れる、という条件つきにはなりますが、この戦略の結果、僕の会社の経営は好循環になっていきました。

では、値上げによって、どのように利益が変わるのかを実際の数字の計算から見てみましょう。

限界利益の公式：
限界利益＝販売価格－変動費

たとえば、変動費６００円、限界利益４００円で、１０００円で販売していた「商品Ａ」という花があります。

商品Ａ：１０００円
変動費：６００円
限界利益：４００円

その花を１２００円に値上げしたとします。２００円値上げをすると、限界利益も２００円増えます。

商品A：1200円
変動費：600円
限界利益：600円

この場合には、販売価格を1000円から1200円に20%値上げすると、限界利益が400円から600円へと1・5倍高まるという結果になりました。値上げした以上の効果が期待できることがわかると思います。

また、1000円の花を10個販売したときと、1200円の花を10個販売したときで見てみましょう。

1000円の花を10個販売：
限界利益400円×10個＝4000円

1200円の花を10個販売：
限界利益600円×10個＝6000円

限界利益の差は2000円です。この限界利益2000円の差は、次のように1000円の花だと5個多く売ってやっと同じになります。

1000円の花：
限界利益400円×15個＝6000円
1200円の花：
限界利益600円×10個＝6000円

1日に花が平均10個売れるお店であれば、1000円で売るのと、1200円で売るのとではかなりの違いが出てきます。

仮に1か月（30日）で限界利益の差を販売数で換算すると、なんと150個の差になります。1年間では1800個の販売数の差です。その差を限界利益で表すと、1か月で6万円の差となり、1年間では72万円もの差ととなってしまいます。

値上げした状態の差を見て、1日の売れる数×30日ぶん、または、1日の売れる数×1年ぶんを計算してみて、いくらくらい利益が変化するのかを知ることで、大きな判断材料になると思います。

値上げは、利益を増やす最もパワフルな方法だと考え、僕が熱心に取り組んだのも理解していただけるのではないでしょうか。

ただし、商品を少しでも高く販売するためには、知恵を使わなければなりません。販売促進のためのアイデアを日々考え、工夫をし、商品の付加価値を高めていくことが求められます。僕の場合は、先述したようにお客さんへのサポート（花の育て方の説明書を配るなど）をしたのもそうです。

△ 小さな会社が利益を出すためのたった1つの方法

では、「④　今よりも原価を下げて、販売数はそのまま、または減らす」という方法です。

③の「値上げ戦略」と同様に、この方法も非常にパワフルで、同じ効果が期待できます。さきほどの花の原価を、仮に200円下げることができれば、同じ利益を出すことができる、という理屈です。

ただ、僕の経験上（現在、花屋を14年やっていますが）、今まで原価が下がった商品はありません。

それに、原価を他社よりも下げるためには往々にして、圧倒的な数量を仕入れなければなりません。こんなことからも、僕のような小さな会社は、商品1つあたりの在庫量を増やして、原価を減らすことはけっこう難しい戦略です。

また、飲食店や製造業などは、原材料の高騰や為替の変動で、仕入価格が上がる可能性もあります。

原価は下げられるに越したことはないですが、不可抗力で上がることも十分に考えられます。だから、この方法に頼っている場合、いきなり仕入価格が上がった際には、何も打つ手がなくなってしまいます。

ですから、「② 今と同じ価格で、販売数を増やす」と「③ 今よりも価格を上げて、販売数はそのまま、または減らす」という方法を組み合わせながら、原価を下げられるならば下げる、というのが理想的な利益の増やし方だと思います。

とくに「小さな会社が生き残るには？」と考えるならば、**「③ 今よりも価格を上げて販売数はそのまま、または減らす」という方法で、その金額に見合った付加価値をお客さんにもたらす**、というのが僕の答えです。

ずっと赤字体質の会社が、なぜ黒字が続くようになれたのか？

△「目隠し運転の経営」からの卒業

計画をし、利益を出せて黒字になるという経験を一度すると、面白いもので、どうやれば黒字になるのかも、肌感覚でわかってきました。

売っても売っても赤字から抜け出せないときの、「いったいどうすれば、黒字になるんですか？」という目隠し運転で経営していたころの感覚がウソのようです。

今は、月次決算書を眺めながら、前月の平均限界利益率を確認しています。そして、「固定費の合計が大きく増えていないか」「飛び抜けて増えている費用の項目がないか」どうかを、毎月チェックしています。これらはもはや習慣になっています。

さらに、毎月繰り返していると、費用の金額や限界利益率などに対して、元巨人軍の「ミスター・ジャイアンツ」こと長嶋茂雄さんではないですが、「勘ピューター」的なものがビビッと反応するんです。異常値なのか、平常値なのか、改善しているのかなどが、なんとなくではあるのですが、不思議とわかるようになったんです。

△赤字になりやすい体質、黒字になりやすい体質

そんな今、僕は数年前の自分の会社の決算書を引っ張り出してきて、なぜ赤字体質から抜け出せなかったのかを分析してみました。

年商1億円を超えて最高の売上を記録したにもかかわらず、赤字になったときの決算書に目を通すと、売上は今の2倍。

損益計算書の気になる数字、とくにストーカーのようにつきまとってくる変動費（仕入原価や荷造り運賃）を中心に見ていくと、たしかに仕入原価は売上に対して今よりも比率は高そうなのですが、荷造り運賃の比率はそれほどでもないのです。「あれれ？」と思って、計算してみると、限界利益率は22％ほど。たしかに薄利多売タイプの限界利益率です。

そして、この売上で、これで黒字にならないということであれば、答えはニートな費用の固定費の部分にありそうです。そこで、固定費を見ました。

費用がまとめて書いてある「販売費及び一般管理費」の明細のページを見てみると、ズバーンと人件費が、そしてモリモリと広告費が!!　「かけ過ぎだよ～！」と思わず心のなかで叫びたくなるほどです。人件費と広告費をたっぷりかけていたら利益なんて絶対に出ません。

そんな赤字体質の決算書を見て、まるで「メタボ体質」だなと思いました。逆に、黒字になる体質というのは、ぜい肉（余計な費用）がない、締まった体型なのではないか、とも。

そうやって体型でたとえて考えてみると、黒字体質、赤字体質のパターンがイメージできました。たとえば、限界利益率が「筋肉」で、固定費等の費用が「ぜい肉」で、ぜい肉を削ぎ落とし、筋肉を鍛え上げれば「細マッチョ」になる、なんてふうに。実際に、「細マッチョ」であれば最終利益もしっかり出てきます。

すると、赤字体質と黒字体質の違いも、肌感覚でわかってきました。図にすると、下のようなイメージです。

体型でいえば、「メタボ」の逆で筋肉（限界利益率）がなくて、ぜい肉（固定費）も少ないのが「激やせ」。「細マッチョ」よりも重厚感のあるのが「ゴリマッチョ」です。

僕が独立したとき、最初は安売りの花屋から始めたのですが、とにかく費用を削って一生懸命がんばったけれど、まったく儲からなくてどうしようかと考えていたころが、まさに「激やせ」状態です。

そして「激やせ」状態から売上を上げようと、僕の場合は「メタボ」の状態になってしまいました。

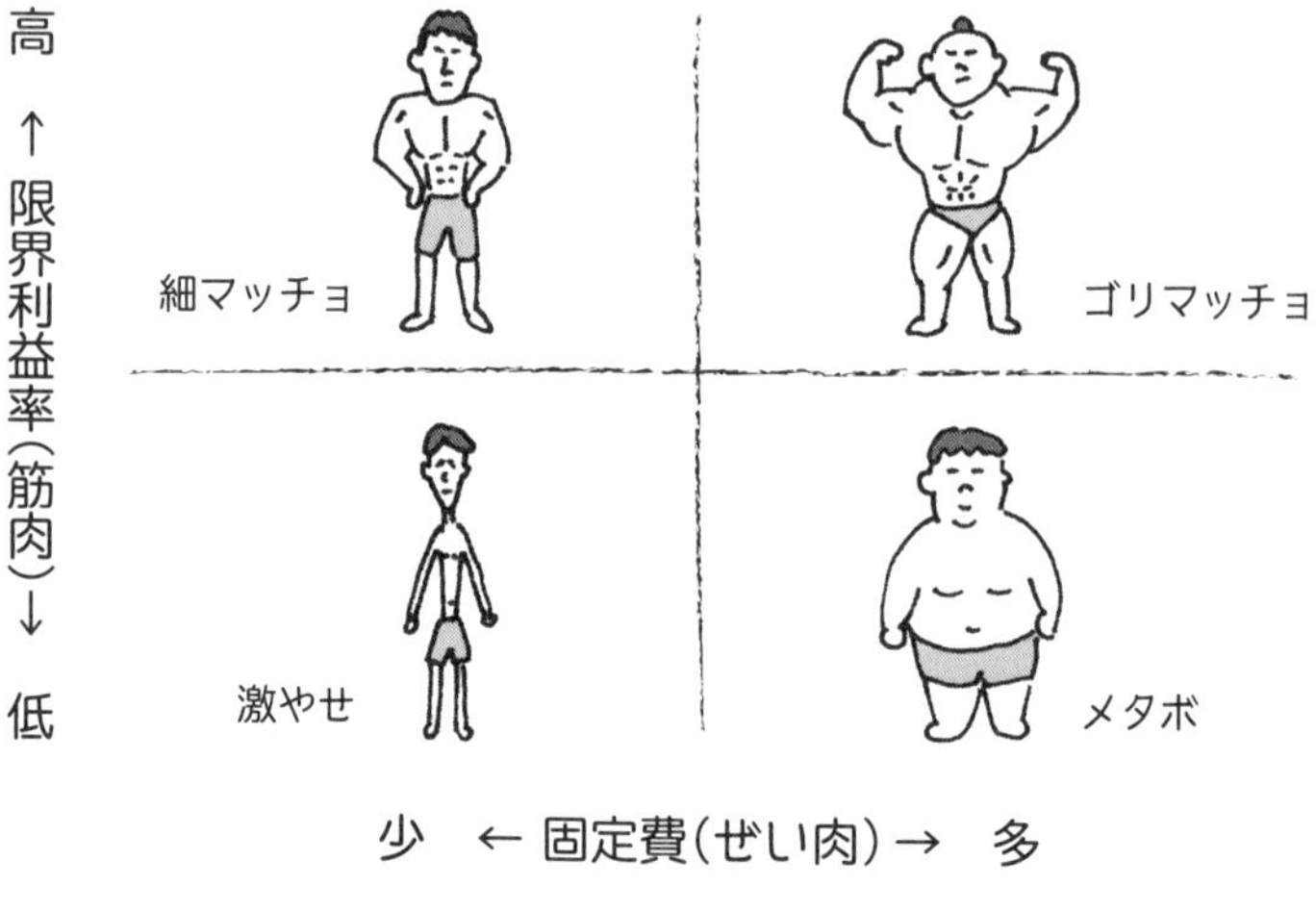

△小さな会社は「細マッチョ」な会社を目指そう

この「体型によるタイプ別」ということから、あらためて考えると、黒字になるかどうかは結局、限界利益率のバランスに依存するものだと気づきました。

赤字体質のときに否定した「お金はあとからついてくる」という状況は、黒字体質のモデルと赤字体質のモデルの違いが深く関係しているのです。

会社の体質（限界利益率のバランス）自体が利益を出せない状態になっていると、何をしても、今のままの方法では利益は出ません。そもそも限界利益率が低く、利益を出せない体質になっているから、赤字体質の「メタボ」や「激やせ」の会社は、そのままどんどん突き進んでしまうのです。

ということは、**黒字化して健全なる利益をしっかりと出すためには、「細マッチョ」もしくは「ゴリマッチョ」でなければなりません。**

ただ、「ゴリマッチョ」は固定費も多いけれど、それをものともいわせない圧倒的な限界利益がある状態です。たとえば自社でオリジナル商品を作り、その商品は圧倒的な限界利益率を誇り、広告費をガンガン突っ込んでバカ売れしているような規模の大きい会社がそうです。商品を仕入れて販売するような小売業にはまずできない限界利益率でしょう。

僕のような会社が目指すべきは、やはり「細マッチョ」なんだろうなと思いました。「細マッチョ」は筋肉質で無駄なものがない、利益がしっかり出ている会社です。

「数字」に想いを乗せよう

△数字は、事実しか語らないけれど強い味方

はっきりいうと、会計の計算はめんどくさいし、いまだに僕は数字が得意ではないし、あまり好きではありません。

それに、数字とにらめっこをしていると、いつのまにか、お客さんの数、お客さんが買ってくれた商品の利益ばかり考えてしまいがちです。この人は５万円、この人は10万円、スタッフのあの人は25万円、あの人は15万円と人を数字で眺めてしまうことにもなりかねません。僕はその感覚が非常に危険だと思っています。

もちろん、数字を読めることはとても重要です。でも、その向こう側にはお客さん

がいて、手前には、そのために数字を追いかける人がいます。その数字を追いかける人が、喜んだり、ときには悔しい思いをしたり、悲しんだりします。

数字自体には感情がなく、単に結果を表わす記号ですが、数字を扱う人こそが価値を持っているわけであり、数字に想いを乗せていくことが大事なのではないでしょうか。

利益を追い求めることは、たしかに大切です。そうでなければ、会社は存続しません。今この本をここまで読んでくれたあなたも、そう感じる1人だと思います。

でも、「利益だけ」を追いかけて満足でしょうか?

僕も、お客さんも、スタッフも同じ人間です。青くさいセリフになってしまうかもしれませんが、やっぱりお客さんはもちろん、スタッフも含めたみんなが「ありがとう」と笑顔で言ってくれることが何よりもうれしいです。

だから、数字は大事ですが、その数字はお客さんや周りの人を喜ばせるために使っていきたいと思いました。これが会計を学んで、自分としていちばん成長できたことだと感じています。

△ 社長が調子に乗ったら、会社は簡単に傾きます

さまざまな苦難を乗り越えた結果、５年ほど連続で黒字決算を継続できるまでになりました。しかし、ここで１つ問題が。黒字が続いているものの、３年間売上が期待よりも伸び悩んでいるのです。

もちろん、赤字から抜け出せないころから比べると、はるかにマシになりました。しかし、目標を１つ実現すると、人間、新たな欲が出て、さらに利益を上げて新規事業に投資をしたいという考えも出てきたのです。

もっと利益を上げるためには、２つのやり方があります。１つは、売上を増やして利益を上げる。もう１つは、今の売上のまま、限界利益率を高める。前者は販売数を増やすこと、後者は値上げをすることを意味します。

でも、セールで値引きをしてたくさん売るというやり方はもうしたくありません。一方で、値上げをするにも限度があります。

１つひとつの商品を大切に販売して、お客さんに喜んでもらいながら、事業を伸ば

したい。それを実現するにはどうすればいいか？

そこで、新たなヒントを得るために、勉強会に積極的に参加したり、いろんな人に会いに行ってみたりしよう、と考えました。そのようなタイミングで、本で読んだのか、誰かから聞いたのかは忘れてしまいましたが、「自己の成長は移動距離に比例する」という言葉を思い出したのです。

「そうか！　これか！」

僕は、1年かけて、全国の活躍している人に会いに行くことに決めました。

思い立ったが吉日！　早速あちこちにアポイントを入れ、飛行機の予約をしました。北海道、仙台、名古屋、大阪、福岡、鹿児島、沖縄などなど。あちこち行き始めたら、これがまた楽しい！

会社への出勤は週に2日ほど。土日は休みなので、週に3日はどこかへ出かけているような状態です。

そんなことを1年くらい続けていたら、売上が上がるどころか、どんどん下がり始めてしまったんです。利益は一気に急降下。これはまずいぞ！　このままでは今期の赤字は確定です。ずっと黒字だったのに、赤字に転落だけは絶対にイヤだ！

決算の締めまで残り3か月。しかも、資金繰り上では翌年に資金がショートするのはほぼ確定です。どうする？　何から始めればいいんだ？　とにかくなんとかしないと！　そこで、久しく連絡を取っていなかったスゴ腕の税理士さんに電話をしました。

「はい。もしもし」
「ご無沙汰してます。黒字がずっと続いて儲かっていたのですが、油断していたら会社がまずいことになってしまいまして、このままだと赤字です。どうしたらいいんでしょうか？」

「それはまた大変ですね。ところで、『儲ける』という漢字の、『儲』の字の語源って知っていますか？」

「えっ？　うーん。なんでしょう？」

相変わらず、税理士さんは遠回りな話をしている気がします。でも、これも最後まで聞くと何かわかるのでしょうか。

「『儲ける』という字は、『信じる』に『者』と書きますよね。ということは、信じて突き進んだ者だけが、儲けることができるという意味ですか？」

「うーん、ちょっと違います」

「じゃあ、信者を増やしたら、儲かる……」

「よくそういうふうにも言われますが、語源としては違います。じつは、『儲ける』という字にはお金に関する意味合いはいっさい入っていないんです。『儲ける』という字は、イ（にんべん）に『諸』と書くんです。また、『儲ける』と『設ける』という字はもともと同じだったといいます。『設』の語源は、用意するとか蓄えるという意味があります。私なりの解釈をすると、いくら黒字でも、節約をして、しっかりと蓄えておかないと、儲かる状態にはならないという意味です」

「でも、必要なお金は使っているけど、無駄づかいはしてないですよ！」

「私はあえて何も言わずに、古屋さんの会社の数字だけを見ていたのですが、ここ1年くらい固定費がかなり上がっていました。固定費を下げて、まずは身の丈に合った経営をして、しっかりと利益を蓄えるべきです。コツコツと蓄えることで、『儲かる』という状態になりますよ」

「そうか！　そういうことか……」

税理士さんにアドバイスをもらってから決算までの3か月間、僕は固定費を削減して、利益を高めるための施策や業務を、毎日の行動計画に落とし込み、目の前のやるべきことをコツコツとこなしました。

業績は一気には変わりませんでしたが、徐々に上向き、なんとかギリギリ黒字での決算になりました。

僕は大切なことを、忘れていたのかもしれません。

黒字が続いて、自動的にそうなる仕組みができた、自分は好き勝手やっても会社はもう大丈夫だと、勘違いしていました。

そして、お金が手もとに残るようになると、少しくらいなら使っても大丈夫だろうと、かつての悪い癖も顔を出し、知らず知らずのうちに、お金に苦労する時代はもう終わったんだと錯覚をしていました。

「儲かる」という状態は、お金が勝手に入ってくるわけではなく、きちんと自己管理をして、自分自身が成長することによって手に入るものなのかもしれません。

第５章を読み終えた読者へ

貧《ひん》すれば鈍《どん》す——商売する者にとって、これほどイヤな言葉はありません。

この言葉の恐ろしさは、それが真実であることです。資金繰りに苦しむようになると働くことが義務になり、やがて心がすさんできます。彼は、スゴ腕の税理士さんとの出会いによってドロ沼を抜け出しました。脱出のカギが、「限界利益」だったのです。儲けパワーを表す「限界利益」の知識によって苦境を乗り越えた彼は、とうとう「大切なもの」を手にしました。多くの商売人がそれを望みながら、しかしなかなか手に入れることが叶わないもの——それは「自由」です。

数字が読めるメリットはここにあります。やるべきことが見えず、不安にさいなまれる毎日から、数字とともに商売のことを考える、楽しく自由な毎日へ。商売の自由を手に入れた彼、そして本書の読者は相当運がいい。本当にラッキーです。

これから先、彼はどんなふうに商売を展開していくのでしょう。そして本書を読んだ読者にはどんな変化が訪れるのでしょうか。物語の続きが楽しみでなりません。

おわりに

～「自分だけのため」から「人のため」に儲けたい～

古屋悟司

会社の黒字がずっと続くようになった今、新しいことに取り組んでいます。

「お客さんが何に困っているかを理解して、その困りごとを解決して差し上げれば、値段はあまり関係ないんです」

僕は税理士さんにこう教わりました。

その言葉通りに実践した結果、お客さんが自分では気づいていない困りごとを解決できると、ほかのお店よりも多少値段が高くても喜んでお金を払ってくれます。

そうやってお客さんの困りごとを解決すると、それが自分たちの利益につながるだけでなく、「こうすれば、もっと多くの人を喜ばせられる」というヒントをたくさんいただけることもわかりました。

それに、誰かの困りごとは、ほかの誰かの困りごとだったりもします。困りごとを解決することで、みんなにとってよい循環が生まれることも実感したのです。

であれば、新しく雇う人も、困りごとを抱えた人にしようと。

たとえば、女性の方は、子育てがあったり、親の介護があったり、男性に比べて働く場所や時間がかぎられてしまっています。そのため、パートですら雇ってもらえないこともあります。それに、もし子どもが風邪を引いたら、休まねばなりません。だからこそ、そんな女性が活躍できる職場を作ろうと思ったのです。幸い、インターネットが発達した現在では、どこにいてもパソコン1つで仕事をすることができます。空いた隙間の時間を使って、子どもが寝たあとに仕事をすることも可能になりました。

そこで、僕の会社では、1人の女性を新たな条件で雇いました。遠く離れた青森の女性なのですが、古くからの友人でもあり、僕の仕事を手伝ってもらうことにしたのです。

彼女には、インターネット上の楽天市場以外のショッピングモールに出店してもらい、1店舗をまかせました。完全に勤怠自由です。報酬は売上に対するパーセンテージの歩合制で、売上を上げれば上げるほど収入に直結します。自分が稼ぎたいだけがんばることができる、という環境を作りました。

別の女性にも、新たな条件で働いてもらっています。その女性は東京にいて親御さんの介護で、自宅にいつもいなければならないという環境でした。

彼女にも同じようにインターネットの1店舗をまかせています。彼女はパソコンで画像を加工するのが得意なので、僕の会社の仕事の一部も1件単位で手伝ってもらっています。

自分が利益を出せるようになった今、自分以外の人たちにもしっかりと儲けを出してもらうことは僕の新しい仕事になりました。

困っている人が、自由に働ける環境を作り、楽しく仕事をしながら、やりがいを感じてもらう。私利私欲でレクサスを買ったころと違い、なんだか、こんな僕でも少しは世の中の役に立っているのではないか、と感じる今日このごろです。

古屋悟司（ふるや　さとし）

楽天市場で人気の花屋「ゲキハナ」を運営。1973年生まれ。2004年、順調だった営業の仕事を辞め、たった1か月の研修ののち、花屋を開業。いきなり閑古鳥が鳴くようになり、背水の陣でネット販売に着手。売上はうなぎのぼりになったが、数年後、決算書を見るとずっと赤字だったことに愕然とする。その後、会計を学んだことをきっかけに、倒産の危機を乗り越え、V字回復に成功。以降、黒字を継続中。現在は、「ゲキハナ」の運営に加えて、「黒字会計.jp」のサイト運営や管理会計ソフトの販売を通じて、小さな会社を中心に「黒字化のノウハウ」を紹介している。また、企業や地方公共団体、大学での講義などでも、自らの失敗体験をもとにした「儲かる会計」を教えている。

案内人
田中靖浩（たなか　やすひろ）

田中公認会計士事務所所長。1963年三重県四日市市出身。早稲田大学商学部卒業後、外資系コンサルティング会社を経て現職。中小企業向け経営コンサルティング、経営・会計セミナー、講演、書籍の執筆、新聞・雑誌の連載などで活動中。著書に『値決めの心理作戦　儲かる一言　損する一言』『良い値決め　悪い値決め』『実学入門　経営がみえる会計』（以上、日本経済新聞出版社）など多数ある。

数字《すうじ》オンチのための「儲《もう》かる会計《かいけい》」が肌感覚《はだかんかく》でわかる本《ほん》
「数字《すうじ》」が読《よ》めると本当《ほんとう》に儲《もう》かるんですか？

2017年4月1日　初版発行
2017年6月1日　第5刷発行

著　者　古屋悟司　©S.Furuya 2017
発行者　吉田啓二

発行所　株式会社日本実業出版社　東京都新宿区市谷本村町3-29 〒162-0845
大阪市北区西天満6-8-1 〒530-0047

編集部 ☎03-3268-5651
営業部 ☎03-3268-5161　振　替　00170-1-25349
http://www.njg.co.jp/

印刷／理想社　製本／共栄社

この本の内容についてのお問合せは、書面かFAX（03-3268-0832）にてお願い致します。
落丁・乱丁本は、送料小社負担にて、お取り替え致します。

ISBN 978-4-534-05489-0　Printed in JAPAN